U0684457

教学心理

幼儿教育心理健康

李茹 编著

北方联合出版传媒(集团)股份有限公司

万卷出版有限责任公司

图书在版编目（CIP）数据

教学心理：幼儿教育心理健康 / 李茹编著. —沈阳：万卷出版有限责任公司, 2024.5

ISBN 978-7-5470-6449-8

Ⅰ. ①教… Ⅱ. ①李… Ⅲ. ①幼儿教育—教育心理学

Ⅳ. ①G44

中国国家版本馆CIP数据核字(2024)第036904号

出版发行： 北方联合出版传媒（集团）股份有限公司

万卷出版有限责任公司

（地址：沈阳市和平区十一纬路29号　邮编：110003）

印　刷　者： 三河市长城印刷有限公司

经　销　者： 全国新华书店

幅面尺寸： 170mm×240mm

字　　数： 150千字

印　　张： 12

出版时间： 2024年5月第1版

印刷时间： 2024年5月第1次印刷

责任编辑： 齐丽丽

责任校对： 刘　洋

ISBN 978-7-5470-6449-8

定　　价： 49.80元

联系电话： 024-23284090

传　　真： 024-23284448

前言

随着时代的变迁和社会的发展，教育理念也在不断地发生着变化。时代变了，逻辑变了，教育者就要知势、知变、知未来，把握教育新时代下的发展新风向，新征程，新使命。党的二十大报告中明确提出，"办好人民满意的教育""强化学前教育、特殊教育普惠发展"。

党的十九大以来，随着教育公平和教育质量水平的不断提升，中国教育进入了高质量发展阶段。教育高质量发展作为教育发展新阶段的根本诉求，是回应人们对优质均衡教育需求的现实路径。

中国教育事业发展追求的基本目标之一就是教育质量的提升，走高质量发展之路也是教育事业转型为内涵发展的必然选择。为保障学前教育实现从"有质量"到"高质量"的转变、从"外延式"到"内涵式"的转向，为扎实推进"十四五"规划对学前教育发展要求的落实和执行，就需要切实帮助更多幼儿园提高办园质量，推进学前教育高质量发展。

当今，随着社会的发展、科学技术的进步、文学艺术的繁荣、知识门类的增多，教育事业得到了迅猛的发展；与此同时，人们对幼儿教育越发重视，幼儿教育蔚然成风。在这种潮流下，人们往往注重的是让孩子们学习技能，却忽视了道德情操、举止言谈、行为习惯和意志品质的教育培养，而这恰恰是关系国家富强、民族昌盛的头等大事。

幼儿是祖国的花朵，是我们未来的希望。幼儿教育为孩子们的一生奠定了坚实的基础，幼儿教育阶段在孩子们的成长历程中占据着举足轻重的作用。

《幼儿园教育指导纲要》中明确指出："幼儿教育是基础教育的重要组成部分，是我国学校教育和终身教育的奠基阶段。城乡各类幼儿园都应从实际出发，因地制宜地实施素质教育，为幼儿一生的发展打好基础。"

幼儿教育是基础教育、启蒙教育，幼儿园是孩子们走进社会的第一站。人生最初的几年，决定和影响着其一生的发展，是其道德观念、行为习惯形成的关键期，而幼儿教师是这个时期对其产生影响的关键人物。

新的时代赋予幼儿教师全新的使命——推动学前教育高质量的发展。

为此，我们编写了《新时代教育高质量发展幼教》书系，这套丛书共10册。本丛书立足于我国当前幼儿教育新形势，遵照党的二十大报告中提出的"加快建设高质量教育体系""强化学前教育、特殊教育普惠发展"的指导方向，并结合2018年中共中央、国务院印发的《关于学前教育深化改革规范发展的若干意见》等有关幼儿教育的文件要求，由一批国内幼儿教育方面的专家策划撰写完成。本丛书广泛吸收我国幼教专家的先进经验和实践成果，以科学性、指导性、实用性为原则，以解决教师实际问题、提高教师教学技能、促进教师专业发展为宗旨，为幼儿教师提供了掌握正确教学方法的科学途径。愿这套丛书能成为帮助广大幼儿教师不断提高核心素养的良师益友。

目录

专题一

健康与心理健康的概述

　　健康与心理健康是人类最基本的需求之一。现代科学研究揭示，心理健康与身体健康是互相影响、互相制约、辩证统一的关系。有了健全的身体，才谈得上有健全的精神，因此，身体健康乃是心理健康的基本条件之一；同样，心理长期的不健康，会导致器官功能的失常或组织的损伤，因此"健康的心理寓于健康的身体"。

主题1 健康的概述

导语

　　健康是人类生存发展的要素，它属于个人，也属于社会，对个体和社会的发展都相当重要。为了更清晰地界定健康的概念，我们在这里将分别对健康的含义、健康的标准进行阐述。

一、健康的含义

　　人们对健康的认识是随社会生产力的发展而不断变化的。随着社会的发展和现代科学技术的进步，那种沿袭已久的所谓身体机能正常、没有缺陷和疾病就是健康的观念已经得到更新。

　　1. 联合国世界卫生组织的定义

　　世界卫生组织关于健康的定义：健康乃是一种在身体上、精神上的完满状态，以及良好的适应力，而不仅仅是没有疾病和衰弱的状态。

　　2.《阿拉木图宣言》的定义

　　1978年，国际初级卫生保健大会发表的《阿拉木图宣言》提出：健康是基本人权，达到尽可能的健康水平，是世界范围内的一项最重要的社会性目标。

　　这些观点现已普遍地被人们所接受，并指导人们将健康放在一个更广阔的背景下，从更高的水平上进行认识和考察。这样，不仅能够把握人的生物学特征，而且能从作为一个完整的、受心理因素和社会因素影响和制约的人的更为广泛的联系中去研究健康与环境之间的关系，以促使机体更好地维持内环境的相对稳定，同时与外环境取得动态平衡，使卫生保健的目标、方法和措施更趋合理和完善，并取得综合性的效益。

随着社会的发展，科学技术的不断更新、分化、交叉、渗透和综合以及新兴边缘学科的出现，特别是人类对客观世界认识的不断深化，人们对健康的认识也日趋确切，更符合健康本身的含义。

二、健康的标准

迄今为止，关于健康的标准莫衷一是，不一而足。在此主要介绍联合国世界卫生组织和我国学者的主要观点。

1. 联合国世界卫生组织的标准

联合国世界卫生组织提出了健康的十条标准，可以分为生理标准、心理标准、社会标准三大类：

（1）生理标准。生理标准主要从五个方面加以界定：体重适当，身体匀称，站立时头、肩、臂的位置协调；眼睛炯炯有神，善于观察，眼睑不发炎；牙齿清洁，无空洞，无痛感，无出血现象，牙齿和牙龈颜色正常；头发有光泽，无头屑；肌肉和皮肤富有弹性，走路轻松协调。

（2）心理标准。心理标准涵盖三个层面的内容：有充沛的精力，能从容不迫地担负日常工作和生活而不感到疲劳和紧张；态度积极，勇于承担责任，不论事情大小都不挑剔；精神饱满，情绪稳定，善于休息，睡眠良好。

（3）社会标准。社会标准主要有两点：能适应外界环境的各种变化，应变能力强；自我控制能力强，善于排除干扰。

2. 我国学者提出的标准

我国学者根据联合国世界卫生组织的核心标准，提出了与之相应的健康三标准：

（1）生理标准。身体强壮，各系统功能良好且相互协调，通过目前的检查手段不能发现病理改变。

（2）心理标准。心理功能正常、协调一致，主观感觉良好，精力充沛，情绪稳定，应付环境自如，有积极的人生观。除了基本的生存需求外，更需进一步追求美好的生命价值和幸福感。

（3）社会标准。行为符合社会规范，有良好的人际关系，家庭功能和职业功能良好，能享受生活和工作的乐趣。

综上所述，虽然两者都是三个标准，但我们可以清楚地看到，两者侧重点各有不同。联合国世界卫生组织的生理标准的内涵更丰富，心理和社会标准更强调责任和适应；我国学者提出的标准则更多聚焦于生命价值、职业与家庭功能及幸福快乐。但两者都没有将健康仅局限于身体层面，对心理和社会适应给予了同样的关注，且有将健康各方面联系起来作为一个和谐系统来研究的趋势，体现出"健康的本质是和谐"。

知识拓展

健康与疾病的关系

健康和疾病并非如同一块硬币的正反两面，而是人体生命状态的两端，这两端之间存在无数不同的谱级状态。

　　人们对疾病的认识比对健康的认识要早得多。最初，人们认为疾病是独立存在的实体，与人体是两种实体之间的关系：或是由于巫术的作用，异物进入了人体；或是恶魔、鬼神缠住了人身；抑或是病者失去了生命的本原。对疾病的这类认识是一种本体疾病观。此后，医学逐渐脱离巫术，人们开始形成自然哲学的疾病观，借用当时流行的哲学概论解释疾病的发生、转移和发展，比如认为疾病是人体诸元素之间失去平衡所致，或是因气发生紊乱而产生。随着医学从中世纪神学中得以解放以及自然科学的发展，人们又逐渐形成自然科学的疾病观。从19世纪开始，许多专业工作者强调疾病是机体对致病因子有害作用的一种反应，是机体功能的紊乱。当然，在疾病过程中不仅存在机体受损害和发生功能紊乱的一面，还有机体防御、适应和代偿等生理性反应的一面。

主题2　心理健康的概述

导语

　　随着社会的发展，人们健康观念的提升，人们对健康的认知也越来越深入。由此，心理健康成为人们关注的重点。了解心理健康及其影响因素、评估标准，对于个体的身心发展相当重要。因此，心理健康的特征和判断标准，是每一个幼儿教师应该掌握的。

一、了解心理健康的特征

国内外的学者们对个体心理健康做过各种表述，由于他们所处的社会文化背景不同，研究问题的立场、观点和方法不一致，至今尚未有统一的意见。

1. 英格里希的观点

英格里希（H.B.English）将个体的心理健康看作是一种持续的心理状态，在这种健康的状态下，个体能做出良好的适应，具有生命的活力，且能充分发展其身心的潜能。

2. 波姆的观点

社会学家波姆（W.W.Boehm）将个体的心理健康定义为合乎某一水平的社会行为，一方面能为社会所接受，另一方面能给自身带来快乐。

3. 斯科特的观点

斯科特（Scott）在考察了文化心理之后，从自我感觉良好的角度提出了学前儿童心理健康的诸多特征，主要有以下十个方面：（1）一般的适应能力；（2）自我满足的能力；（3）人际交往中各种角色的扮演；（4）智慧能力；（5）对他人的积极态度；（6）创造性；（7）自主性；（8）完全成熟；（9）对自己的有益态度；（10）情绪与动机的控制。

4. 人本主义心理学家的观点

人本主义心理学家马斯洛（A.H.Maslow）和密特尔曼（Mittelman）对个体心理健康列出的十条标准，得到了较为广泛的认可。这十条标准是：（1）充分的安全感；（2）充分了解自己，并对自己的能力能做适当的估计；（3）生活的目标能切合实际；（4）能与现实环境保持接触；（5）能保护人格的完整与和谐；（6）具有从经验中学习的能力；（7）能保持良好的人际关系；（8）适度的情绪控制与表达；（9）在不违背集体利益的前提下能最大限度地发挥个性；（10）在不违背社会规范的情况下能恰如其分地满足个人的基本需要。

5. 奥尔波特的观点

心理健康与人格有着密切的关系。人格心理学家奥尔波特（G.W.Allport）提出了心理健康的七条标准：（1）自我意识广延；（2）良好的人际关系；（3）情绪上的安全感；（4）知觉客观；（5）具备各种技能，并专注于工作；（6）现实的自我形象；（7）内在统一的人生观。

6. 我国学者的观点

我国学者认为，人的心理是知、情、意、行的统一体。心理健康是一个人整体的适应良好状态，是人格的健康、全面发展。由此提出了个体心理健康的八个标准：（1）智力正常；（2）人际关系和谐；（3）心理与行为符合年龄特征；（4）了解自我，悦纳自我；（5）能面对和接受现实；（6）能协调与控制情绪，心境良好；（7）人格完整独立；（8）热爱生活，乐于工作。

不同的学者虽然从各自的角度提出心理健康的特征，但总体上可将心理健康的特征归纳为个体对自身认知与能力，以及与社会及他人关系建设两个维度。在个体对自身认知与能力相关的核心标准中重复率较高的是情绪掌握控制，个体对自我具有良好的意识、形象、能力的知觉，对社会和他人则有适应、建立良好人际关系的能力。

二、影响心理健康的因素

要理解心理健康的概念，就要明确影响心理健康的因素。事实上，影响心理健康的因素有很多，可以说包括自然的、社会的、物质的、精神的、经济的、政治的、道德的、法律的等。它们均能对心理健康构成冲击和影响。具体来说，主要分为内因和外因两个方面。

1. 内因

内因是指来自个体内部的因素，包括生理因素、心理因素、疾病等。生理因素是指个体内在的身体不适等，如身体出现不舒服的时候，人会表现出沮丧、不安、头昏、提不起精神，会处于压抑的状态；因为生理周期的影响，个体会出现心烦意乱、焦躁等情况；精神疾病和血缘因素导致的性格因年龄的增加而影响人的心理活动；个体因为某种病菌、病毒等引起中枢神经系统的传染，进而出现器质性心理障碍或精神失常；个体因在社会生活中面临选择或失败（失利）等内心感觉到的冲突、失望或挫败感……可以说，这些不同内因引发的个体的情绪情感的轻重程度，对个体的心理健康均产生影响。

2. 外因

外因是指来自个体外部环境的影响因素，包括家庭环境和社会环境。家庭环境包括个体的家庭关系，即个体的原生家庭中各成员的关系相处是否和谐，家庭氛围是否温馨等。社会环境是指个体在家庭环境之外的环境，于学生而言指学校环境，于成人而言指工作环境。无论学校环境还是工作环境，环境中的人际关系、物质条件，均会对个体的情绪和情感造成一定的影响，从而影响个体的心理健康。

三、心理健康的判断标准

心理健康的判断标准通常有四个：

1. 统计学的标准

这一判断标准将正常看作为平均状态，从统计学角度强调正常和异常之间的程度变化，处于正态分布中间范围的属正常，居两端者为异常。

从这种判断标准来看，正常与异常是相对而言的，其程度可以根据与全体的平均差异来确定，判断的标准比较客观。但是这种标准并非普遍适应的，因为复杂的心理特征或行为在测量时本身并不准确，有些心理特征或行为在人群中并不是正态分布。

2. 病理学的标准

这一判断标准将正常看作不存在心理病理问题。有些临床上的病理症状在正常人身上一般是不存在的。如果某人表现出这些心理病理症状，那么可以判别为异常。这种标准常依据临床诊断以及物理、化学、生理、心理测定指标，因此比较客观。但事实上，任何正常人都可能会有"异常"的表现，尤其是在紧张及发生突发事件时表现更为明显。此外，心理异常的表现形式相当复杂，并不能只依据某一诊断或测定指标来确定。

3. 理想状态的标准

这一判断标准将正常看作理想状态，判断的方法是对照各种理想的行为来评估被判断者的行为，异常者在个人生活和社会生活的某些重要方面是不理想的。这种标准正是有些心理学家认定的心理健康的人所应该达到的状态，但实际上没有一个人能完全达到这种标准，因此这种标准也只是相对的。

4. 适应过程的标准

这一判断标准将正常看作一个不断发展进步的过程。在此过程中，心理健康者不断地学习有效的技巧以应付紧张状态。这种判断标准强调变化的重要性，认为健康的人常以各种方式自觉或不自觉地改变行为模式和应付策略，以便更成功地适应环境。如果一个人的行为不能适应环境，就被视为异常。

知识拓展

心理健康的等级划分

心理健康作为一种持续的心理健康状态，其水平大致分为一般常态心理、轻度失调心理、严重病态心理三个等级。

1. 一般常态心理

处于这一心理健康状态的人，表现为经常有愉快的心理体验，适应能力强，善于与别人相处，能较好地完成同龄人发展水平应做的活动，具有自我调节情绪的能力。生活中大多数人属于一般常态心理者。

2．轻度失调心理

处于这种心理健康状态的人，表现出不具有同龄人所应有的愉悦感，与他人相处略感困难，生活自理有些吃力。如果能够主动调节或接受心理辅导专业人员的帮助，就会缓解或消除心理问题，逐步恢复常态。

3．严重病态心理

处于这种心理健康状态的人，表现为严重的心理适应失调，不能正常地生活、工作。如不及时治疗可能会继续发展成为精神病患者。精神病也就是严重的心理疾病。

专题二

儿童心理健康及其影响因素

心理问题在儿童的成长过程中是常见的，但是由于它的隐秘性，所以在儿童的日常生活、学习中不易显现，往往被人们忽视，这样必然会对儿童的成长产生负面影响，严重时会直接影响儿童未来的发展。所以在儿童的生活和学习中，教师应当注重儿童心理健康的教育和培养。幼儿教师要承担起幼儿成长中"保护神"的作用，就要明确幼儿心理健康的重要性及其影响因素。

主题1　儿童心理健康的重要性

导语

　　随着社会的发展，儿童心理健康教育越来越受到关注。现代社会的压力和竞争给孩子们的心理健康带来了很大的挑战，因此儿童心理健康教育具有重要的意义。

一、儿童心理健康的标志

　　近年来，人们逐渐改变了传统的"没有疾病就是健康"的观点，而且儿童心理健康有其独特性，成人心理健康的界定标准不适用于学前儿童。幼儿心理健康是指在人际关系、生物学和文化的相关环境中适当发展的情绪和社会能力状态。幼儿心理健康的特征是与其身心发展紧密联系在一起的，表现为整个心理活动和心理特征的相对稳定、相互协调、充分发展，与客观环境相统一。儿童心理健康主要有以下几个标志：

　　动作发展与脑的形态及功能的发育密切相关，儿童躯体大动作和手指精细动作的发展水平处于正常范围内，是心理健康的基本条件。动作具有爆发力、有耐力、动作灵活和手眼协调等是其心理健康的标志性特征。

　　1. 智力发展正常

　　儿童心理健康程度与智力发展水平密切相关。长期研究发现，儿童的智力发展水平是可测量的，且受各种因素的影响。

（1）智力的测量。心理工作者通常采用智力测验的方法测量学前儿童的智力水平。个体之间的智力发展水平存在着差异，但是在大部分智力发展正常的学前儿童之间，这种差异并不十分悬殊。如果某个儿童的智力明显低于同龄学前儿童的平均发展水平，那么该儿童的智力发展就可能是不正常的，其心理健康也会受到影响。

（2）影响智力的因素。智力发展正常是儿童心理健康的重要标志，这是因为正常的智力水平是儿童与周围环境取得平衡和协调的基本心理条件。智力有各种不同的定义，不少学者都倾向于把智力看作以思维为核心，包括观察力、注意力、记忆力、思维力和想象力等各种认知能力的总和。智力以先天素质为物质基础，在人与环境的交互作用中得到发展。学前阶段是智力发展最为迅速的阶段。但是因先天性疾病、产伤、婴幼儿时期疾病感染等原因所致的脑损伤及早期的社会文化剥夺，都可能引起儿童智力障碍，如感知觉和记忆异常、思维水平低下和心理紊乱等影响正常生活的问题。

2. 情绪健康，情绪反应适度

持有积极健康的情绪是儿童身心健康和行为适应的重要保证。愉快、欢乐、喜悦等积极情绪能提高儿童的活动效能水平，有助于他们保持对社会生活环境良好的适应状态；而愤怒、恐惧、悲伤等消极情绪则会使儿童的心理失去平衡，这些情绪的长期积累，还可能使他们产生神经活动的功能失调及躯体的某些病变。

儿童的情绪具有很大的冲动性和易变性，也比较外露。随着年龄的增长，儿童情绪的自我调节能力有所加强，表现为情绪的冲动性日益递减、稳定性逐渐提高、内隐性逐渐增强。心理健康的儿童对待环境中的各种刺激能表现出适度的反应，并能合理地疏导消极情绪。情绪变化过度激烈、情绪反复无常、情绪的表现与内心体验不一致或与外部环境不协调，都是不健康的心理状态。

3. 乐于与人交往，人际关系融洽

与人交往是人类的天性。在人际交往过程中，人们不仅能满足各种生理和心理的需要，还可逐步形成符合社会要求的行为方式。虽然儿童的人际关系比较简单、人际交往的技能比较差，但是他们都强烈希望通过交往了解别人，也希望通过交往而获得别人的理解、信任和尊重。我国心理学家丁瓒认为，人类的心理适应，最主要的就是对于人际关系的适应，所以人类的病态心理主要是因为人际关系失调。儿童的交往活动是能够反映他们心理健康的一个重要条件，也是他们获得心理健康不可缺少的途径。儿童与他人的人际关系失调常导致他们产生各类的问题。

心理健康的儿童乐于与人交往，善于理解别人、接受别人，也容易被别人理解和接受；善于与别人合作和共享，尊重别人的意见，以慷慨和宽容的态度待人。相反，心理不健康的学前儿童对他人漠不关心、无同情心，也容易沉默寡言、性情孤僻，经常表现为不能与人合作，甚至侵犯别人等。

4. 行为统一和协调

心理学家伯纳姆（W.H.Burnham）认为，健全的人格就是统一的人格。随着年龄的增长，儿童的思维逐渐变化，有意注意的时间逐渐增加，情绪情感的表达方式日趋合理，对客观事物的态度渐趋稳定。心理健康的儿童，心理活动和行为方式能基本处于和谐统一之中；相反，心理不健康的儿童，注意力不能集中，兴趣时常转移，思维混乱，语言支离破碎，行为经常出现前后矛盾的现象，自我控制和自我调节的能力很差。

5. 性格、自我意识良好

性格是个性最核心、最本质的表现，它反映在对客观现实的稳定态度和习惯化了的行为方式之中。学前儿童的性格是在学前儿童与周围环境的相互作用中逐渐形成的，一经形成，就具有相对的稳定性。心理健康的学前儿童一般具有热情、勇敢、自信、主动、谦虚、慷慨、合作和诚实等性格特征，对自己、他人和现实环境的态度和行为方式比较符合社会规范。相反，心理不健康的学前儿童会经常与他人和现实环境处于不协调的状态，表现出冷漠、自卑、懒惰、孤僻、胆怯、执拗、依赖等不良的性格特征。

二、儿童心理健康的意义

幼儿心理健康有着极为重要的意义，主要包括培养健全的人格、增进和维护健康的心理两个方面。

1. 培养健全的人格

幼儿正处于迅速的生长发育时期。他们虽然已经具有人体的基本结构，但是各器官、各系统尚未完全分化和完善，生理和心理特征与年龄较大的学龄期幼儿及成人有很大的不同，对外界环境及其变化的影响比较敏感，容易受到各种不良因素的伤害。对儿童施行心理健康教育，须为儿童创设和利用有利环境，控制和消除种种不良因素，这样不仅能将儿童的行为问题、心理障碍和心理疾病消灭在萌芽状态，更能促进学前儿童在认知、情感、意志和个性等方面的正常发展。培养健全的人格能提高儿童的社会适应能力，维护和增进其心理健康。

2. 增进和维护健康的心理

许多心理学家都强调儿童的早期经验对其一生心理健康的作用及对儿童施行心理健康教育的重要性。精神分析学派的创始人弗洛伊德（S.Freud）相信，心理疾病主要是由于潜意识矛盾冲突而产生焦虑和情绪防御反应的结果，这种矛盾冲突从婴儿期就开始，根源于生物本能欲望，对社会限制和约束产生强烈的反抗。弗洛伊德认为，儿童心理的健全对他们未来的正常发展是极为重要的。人本主义心理学家们虽然反对精神分析学派关于潜意识矛盾冲突的假设，但肯定学前期对儿童心理疾病的预防以及对儿童施行心理健康教育的重要性。前国际心理健康委员会会长怀特（W.White）曾经说过，儿童时期是施行心理健康教育的黄金时期。一个人在心理上的异常和障碍并不是无缘无故突然发生的，其大多发生在儿童时期。在学前阶段对儿童施行心理健康教育，有益于对儿童的行为问题和心理障碍进行早期干预或早期矫治，也有益于充分发展儿童的智能、情绪和意志等，以此可维护和增进儿童心理的健康发展。

三、儿童心理健康的内容

儿童心理健康涉及的范围相当广泛。凡是能够促进儿童生长发育、提高儿童社会适应能力及改善他们个性品质的方法和措施，都因有益于增进儿童的心理健康而可归属于学前儿童心理健康的内容。具体可归纳为以下四个方面：

1. 优化家庭和托幼机构环境

要为儿童创造具有良好氛围的家庭、托幼机构等社会文化环境，形成对儿童的心理关心和保护机制，使儿童的基本权益得到保障、潜力得到充分发展、人格得到良好形成。优化家庭和托幼机构的环境，能使儿童避免遭受虐待和伤害，以保证儿童心理的健康发展，使其逐步地实现社会化。

2. 对儿童进行心理健康教育

儿童心理健康教育包括：帮助儿童学习调节和表达自己的情绪情感的方式、学习社会交往的技能、培养良好的生活习惯，对儿童进行性教育等。通过心理健康教育，能够培养儿童自我维护和提高心理健康水平的能力，在提高认识和改善态度的基础上，形成健康的行为方式和习惯，从根本上杜绝心理障碍和心理缺陷的产生。

近年来，社会提倡培养儿童的积极心理品质，开展积极心理健康教育。积极心理健康教育就是一切从"积极"出发，用积极的视角发现和解读各种现象，用积极的内容和途径培养积极向上的心态，用积极的过程诱发积极的情感体验，用积极的反馈强化积极的效果，用积极的态度塑造积极的人生，从而为学前儿童奠定积极的心理基础，营造和谐向上的精神状态。

根据积极心理学原理，对学前儿童进行健康教育，重在培养他们的积极心理品质，预防各种心理问题，促进其身心全面和谐发展，为其健康成长和终身幸福奠定基础。儿童阶段应重点培养其好奇心、创造力、坚持与自制、社交智慧、责任心、审美和乐观等积极的心理品质。

3. 对儿童实施行为教育干预

按心理健康的标准，通过调查、观察、筛查和诊断等方法，能够及早发现有各类行为问题、心理需要干预的学前儿童，并采取有针对性的措施对他们进行早期教育和早期干预。对于大部分只有轻微行为问题的学前儿童，应以教育和行为指导为主，及早纠正他们的不良行为。对于少数有明显心理障碍和心理缺陷的学前儿童，应由专业人员根据问题的性质、障碍和缺陷的程度及儿童本身的各方面情况，确定心理教育干预的方案并对其实施心理教育干预。

4. 关怀儿童中的弱势群体

在社会的转型与发展阶段，儿童中有不少来自留守、流动、离异家庭以及贫困家庭，这些儿童出现心理健康问题的概率高，需要全社会在心理健康方面的大力支持。其中，留守儿童心理健康问题主要集中在焦虑、人际交往、情绪控制等方面，其原因可能是家庭教育缺失、学校和社会教育缺位。应通过以下对策缓解：（1）建立留守儿童心理问题预防和干预机制；（2）改善家庭教育环境；（3）加强社区教育，扩大农村留守儿童的社会支持体系；（4）加强对留守儿童的心理健康教育，帮助留守儿童学会做人、学会学习、学会生活。

知识拓展

儿童心理健康的判断

情绪反应适度，社会适应良好，能较快地适应幼儿园的新环境和新生活，这是儿童心理健康的标志。落实到实际生活和工作中，如何判断一个儿童心理是否健康呢？

1. 社会文化标准

社会文化标准是判断儿童心理是否健康的标准之一。每一种社会文化条件下，人们都有相应的健康观和行为规范。比如在我国，由于传统的社会文化观念的影响，多数人会认为女孩应该是文静、内向的，男孩应该是粗犷、外向、主动的。这些固化的期望观念，导致社会个体会以此为标准，判断幼儿是否心理健康。如果某个女孩从小过于粗犷、主动，或是男孩过于柔弱、被动，就会被认为有些怪异。

除此之外，国家地域以及环境的差异，也会影响人们对儿童心理健康的判断标准。因为不同的地域存在着不同的文化习俗标准，比如一些地方的习俗是用手抓饭，而另一些地方则将这一习俗看作行为偏差。同样，对环境标准而言，倘若儿童在午睡时间突然大声唱歌或在愉快的合作游戏中表现出退缩、缄默，那么，该儿童都会被认为存在情绪行为异常。

因此，判断儿童是否存在心理健康问题，一定要注意当地的文化习俗和环境标准，而且这种社会文化标准，随着社会的发展、人口的变迁、健康观和价值观的变化而变化。

2．发展标准

发展标准，也是判断儿童心理是否健康的标准之一。这种标准是用正常的心理发展标准做参照，以不同年龄心理发展水平的正常序列与速率做标准。所谓正常发展标准，就是一个统计学概念，是群体儿童的一个相对率。教师应多了解儿童在各个年龄阶段心理发展的大致标准，才能对儿童的心理健康问题做出正确的判断。

3．症状标准

所谓症状标准，就是临床医生常采用的一种方法。心理不健康的儿童经常表现出一些特殊症状，比如异食、缄默、多动、自伤等。用这种标准来判断心理是否健康，比较容易被人接受。但要注意的是，有些儿童的表现并非很明显或很典型，尤其是儿童在家长面前，经常不会将异常症状表现出来。因此，教师可以设置一些特殊的交谈场景，借助于观察和记录，来发现这些特殊症状，或者运用一些心理学手段进行分析。

4．依据经验判断

所谓依据经验判断，于幼儿教师而言，难度相对过大。不过，借助于心理教师和专业人员的帮助，教师也可以根据个人经验，判断儿童心理是否健康。要注意的是，这种从表面上加以判断的方法，要注意避免主观臆断，克服个人主观看法的影响，更要注意克服教师知识结构、人格特征、价值观和教育观的影响。

主题2 儿童心理健康的影响因素

在儿童身心发展的过程中，影响他们心理健康，导致各种问题行为、心理障碍和心理疾患产生和发展的因素有生物、心理和社会等方面，它们之间的关系错综复杂。儿童健康心理的形成以及异常心理的产生因人而异，因问题或者疾病而异。

一、影响儿童心理健康的生物因素

影响儿童心理健康的生物因素主要有遗传以及与遗传有联系的先天素质、机体损伤以及生理生化改变等因素。其中，遗传和先天素质对儿童心理的正常发展和异常心理的产生起着重要作用，有时甚至起着决定性的作用。

1. 遗传因素

人类行为遗传学工作者倾向于把人的行为遗传分为三大类，影响儿童心理健康的负面因素不一而足，在此择要而叙。

（1）直接遗传。第一种类型是直接遗传，指的是明显地由于遗传因素而引起的行为异常。其中，有的是由单一突变基因所致，有的则是由染色体异常所致。

（2）间接遗传。遗传的第二种类型是由于某一遗传性而间接引起的异常行为。例如，正常语言发展的基本条件是听觉器官、发音器官和脑组织的发育正常，而这些器官和组织的解剖结构和生理功能与遗传密切相关，任何有关基因的缺陷都可使这些与语言发展有关的器官和组织的发育发生障碍。又如苯丙酮尿症（PKU），是由于在遗传过程中血液中缺乏一种分解苯丙酮酸的酶，以致损害中枢神经系统，造成学前儿童严重的智力低下。如果在6岁以前，对患苯丙酮尿症的儿童通过饮食教育干预（通过饮食降低苯丙酮酸），可以使智力恢复正常。

（3）轻微遗传。第三种类型是轻微遗传，这是指某些行为大都受环境因素的影响，遗传只起轻微作用。例如，求食行为是由遗传决定的人类的行为，而求食方式则主要由环境决定。儿童语言发展的首要条件是遗传，但是起主要作用的还是环境。有的儿童说话早，而有的儿童说话晚就是最好的例子。因为语言发展受到遗传、环境和儿童本身器质的影响。

2. 先天素质

传统心理学上讲的素质是先天的解剖生理特征，包括感觉运动器官、脑的结构功能等。先天素质是遗传基因和胎儿发育过程中的环境因素相互作用的结果。影响胎儿正常发育的环境因素是多方面的，如母亲在孕期的营养状况、用药状况、身体健康状况、环境污染状况和情绪状况等，这些都可通过母亲的子宫对胎儿的发育产生影响。不良的胎内环境所造成的某些素质上的缺陷可能成为学前儿童心理发育过程中的障碍，导致其异常行为的产生。

3. 机体损伤或疾病

机体损伤，特别是神经系统的损伤以及疾病是影响儿童心理健康的重要原因。

（1）分娩中可能出现的损伤。分娩过程的异常可造成脑的损伤，比如剖腹产、产钳助产和吸引助产都可能造成脑组织损伤，产后新生儿窒息可造成脑组织缺氧性损伤。

（2）疾病引起的心理障碍。人体各系统、各器官的活动是相互联系、相互协调、相互制约和相互统一的。神经系统的损伤或病变以及心理活动的失常可能引起机体特别是各内脏器官性质或功能性质的变化。同样，人体其他系统的损伤或病变也可引起神经系统的病变或心理障碍。当脑垂体、甲状腺、甲状旁腺、肾上腺等内分泌腺机能出现紊乱时，儿童会产生多种心理障碍。当儿童罹患某些传染病后，由于发热作用、毒素作用、炎症作用以及身体的变态反应，心理活动可能产生不同的障碍，会对心理健康产生不利的影响。

4. 生理发育迟缓

儿童机体的发育程度和速度存在着较大的个体差异，若发育过度迟缓，与同龄儿童相比，发育水平过低，会对其心理健康产生不利的影响。研究表明，儿童大小便的自控能力、动作和语言等方面发育迟缓，不仅是单纯的身体发育障碍，还可能造成儿童孤独、退缩、自卑的性格，导致各种心理健康问题。

二、影响儿童心理健康的心理因素

心理因素是指个体的主观心理状态以及个体在发展过程中与环境相互作用的经验积累，包括早期的和后来的生活经验以及人格发展的情况等。影响儿童心理健康的心理因素主要有儿童的动机系统、情绪倾向、行为习惯、认知能力、人格特征和早期经验等，这些都是儿童心理活动的内部机制。

1. 动机与心理健康

（1）动机和需要。人的行为受动机驱使，而动机是建立在需要的基础之上的。需要是人在生活中感到某种欠缺而力求获得满足的一种内部状态，是机体自身或外部生活条件的要求在脑中的反映。如果把需要看作人生存发展所依赖的条件，那么动机就是这些需要的具体表现。动机推动人为满足某种需要而积极活动，是人的活动的原因。

（2）动机冲突。动机一经产生，就会指引个体为实现目的而进行活动。个体在活动中经常会同时产生两个或两个以上的对立需要，因而会出现相互矛盾、对立或排斥的动机，如若这些并存的动机不能同时获得满足，或者只是某个动机获得满足而其他动机受到阻碍，就会产生动机冲突。动机冲突是心理冲突的核心内容。为了便于研究，心理学家将它分为双趋式冲突、双避式冲突、趋避式冲突和双重趋避式冲突四种类型。各种类型的动机冲突在儿童中经常发生，可能成为干扰儿童心理正常发展的重要因素。例如，有些儿童在动机冲突的情境中会采取逃避现实、回避矛盾的态度，表现出自卑、孤独的退缩性行为。

2. 自我意识与心理健康

自我意识与儿童心理健康有着密不可分的联系，以下将对自我意识的定义以及它所包括的自我认识、自我评价、自我调节三大方面进行阐述。

自我意识是人对于自身以及自己与周围事物关系的一种认识，也是人认识自己和对待自己的统一。自我意识是个性形成的标志，也是推动个性发展的重要因素，它是使组成个性的各个部分整合、统一起来的核心力量，对人的心理活动和行为起着重要的调节作用。

（1）自我认识。正确地认识自己、了解自己，是使自己的行为能够适应环境的保证。学前儿童总是根据成人的评价和态度来认识自己，有时在与他人的比较和交往中认识自己，有时则在分析自己的行为结果中认识自己。各种原因都有可能导致学前儿童对自己的认识被歪曲，使学前儿童的自我认识与其理想中追求的自我相去甚远，使其在遇到动机冲突或挫折时常会自觉或不自觉地运用各种消极的心理防御机制缓解困扰和不安。

（2）自我评价。自我评价是个体对自己的生理、心理特征的判断和评定，它受个体认识水平的限制，又常伴有个体主观的情绪性。正确的自我评价对个体的心理及其行为表现、对协调社会生活中的人际关系具有重大的影响，因此，心理健康的个体必定具有较为正确的自我评价。

（3）自我调节。自我意识的发展必须体现在自我调节方面，个体不仅要正确地认识和评价自己，还要根据环境的作用促进原有的心理状态发生变化，以适应外界环境的变化。有了正确的自我认识和自我评价，又善于在各种动机冲突或挫折情境中调整自己的认识活动、情感态度和动作行为，儿童才能逐渐形成良好的个性，保持心理健康。

3. 情绪与心理健康

可从广义和狭义两方面来对情绪下定义。广义的情绪是指个体对客观事物是否符合其需要的态度体验。狭义的情绪是指短暂而强烈的具有情境性的感情反应，如愤怒、悲哀、恐惧等。情绪包括人在生理和心理许多水平上的整合，它与其他心理过程有着广泛的联系。

研究表明，情绪是影响个体心理健康、导致心理异常和障碍的一个主要中介环节，这是因为由生理、心理变化以及环境刺激等因素而造成的各种情绪反应，可以导致包括神经系统和内分泌系统在内的生化系统的变化，使机体、心理活动和行为方式也发生相应的变化。

情绪在儿童的各项活动中发挥的作用很大，并影响到心理、行为的发展。马言青对儿童的情绪功能进行了归纳，总结出儿童的情绪有信号、创造、催化和取向四个功能。

（1）情绪的信号功能。在交往中，学前儿童要向他人发出许多情绪信号，比如用笑容向同伴表示自己的好感，用怒目表现自己的愤怒等。与此同时，他们还要接受来自他人的情绪信号。比如，学前儿童已经知道"泪流满面"是人悲伤的表现，他们在接受和理解了这些情绪信号后，能产生相应的反应，并及时调整自己的行为。

（2）情绪的创造功能。快乐的情绪会激发儿童的创造性，表现在游戏中就是不断创造出新花样。比如，自己制作游戏中所需的道具、装扮角色、编造新奇的游戏情节等。这种创造性活动的开展，完全建立在儿童喜爱游戏活动这一积极情绪的基础之上。同时，通过游戏活动而获得的成就感，又增加了儿童对快乐情绪的感受。

（3）情绪的催化功能。正面情绪和负面情绪对儿童的行动起着不同方向的催化作用。快乐和好奇等情绪会促使儿童积极地加入各种活动，并在活动中表现主动，充满勇气和智慧；而痛苦和恐惧等情绪则会促使儿童逃避参加某项活动，即使参加，也表现得反应迟钝、出错率高。如果负面情绪的强度大，儿童会在活动中故意捣乱，以求得被取消资格来逃避活动。

（4）情绪的取向功能。情绪能够直接引导个体选择行为的方向，并能决定维持此方向时间的长短。儿童的情绪取向表现出不稳定的特点。他们最初的情绪取向易受成人的影响，特别是父母和教师等他们认为最亲近、最尊敬的成人的影响。在具体活动中，经常会出现情绪强度削弱或情绪转移等现象。

儿童情绪的这些功能，作为一个独立的功能系统制约着儿童的行为和活动，并且在其人际交往、认知和个性的发展中起着重要作用。

总的来说，良好的情绪反映了中枢神经系统功能活动的协调性，它表示人的身心都处于积极健康的状态。良好的情绪是儿童保持身心健康和行为适应的重要条件，有助于儿童的行为适应，有助于提高他们的学习能力和水平。相反，消极的情绪则会使儿童的心理失去平衡，还会造成其生理机能的失调；如果消极情绪强度过大或持续时间过长，还可能使儿童产生神经活动的功能失调以及机体的某些病变。

三、影响儿童心理健康的社会因素

影响儿童心理健康的社会因素主要有幼儿园环境、家庭环境和社会环境等。

1. 幼儿园环境

幼儿园是除家庭以外，与儿童成长关系最为紧密的环境。它是儿童社会化过程中的第一个社会教育机构。因此，世界卫生组织专家委员会指出："在人的一生中占据重要位置的幼儿园，在其儿童心理健康的形成与发展中起着十分重要的作用。"幼儿园对儿童心理发展的影响，主要有精神环境和物质环境两个方面的影响。

（1）幼儿园精神环境对儿童的影响。幼儿园精神环境是指幼儿园的心理氛围，包括管理方式、园内人际关系（师生、生生、师师等关系）、教师的教育观念与行为等。精神环境对儿童身心发展中的认知、自我意识、社会性等每一个方面均会产生深刻的影响，且时时处处都在发生。

首先，精神环境影响儿童的认知发展。这种影响是以儿童的情绪情感为中介发生的。因此，幼儿园内良好的人际关系，如师生之间、同伴之间的关系，可以使儿童获得安全感，进而使其大胆、自信地去探索陌生的环境，这为儿童的认知发展提供了重要的前提条件。同时，良好的精神环境还可以使儿童情绪稳定，能够大胆地与周围的人（如教师、同伴、父母等）交流沟通，逐渐帮助儿童建立起正确的认知方式。

精神环境影响儿童自我意识的形成。自我意识就是个体所有属于自己身心状况的意识，包括意识到自己的生理状况、心理特征以及自己与他人的关系。儿童在幼儿园中与人交往的方式，对儿童的自我意识的形成有着潜在的影响。比如，教师处理儿童与同伴之间玩耍时发生争执的方式，处理儿童的错误行为的方法……如果教师能够正确科学地处理，可以对儿童的自我意识产生积极影响，使儿童在以后类似的事件中避免错误的发生，能够逐渐完善从自我认识、自我观察、自我分析到自我评价的过程。反之，则不然。

精神环境影响儿童社会性的发展。良好的精神环境是儿童社会性行为发展的必要前提。儿童具有"向师性"，即对教师普遍有一种信赖的情感，这是由儿童身心发展的特点决定的。因此，教师对待儿童的方式和方法会直接影响到儿童社会性的发展。如果教师总能对儿童持友好、亲善、和蔼的态度，儿童就会获得愉快的情绪体验，并影响到儿童对待他人的方式方法。同样，幼儿教师之间的互助、关心，也可以让儿童学会友好、互助，也就是说，儿童正确的社会行为是通过观察、学习教师的行为直接获得的。因此，对于正处在身心发展关键阶段的儿童而言，良好的师生关系和同伴关系可以使之产生安全感和归属感，这是儿童情感健康发展的后盾和依靠。

（2）幼儿园物质环境对儿童的影响。幼儿园的物质环境，是相对于精神环境而言的，指幼儿园内的供儿童使用的设备、装饰等。一方面，物质环境影响着儿童的认知发展。儿童直接接触物质环境，感知、观察和操作物体，从而认识物体及物体与自身的关系，并尝试学习解决问题的方法。因此，物质环境对儿童的感知、好奇心、想象力和创造力以及动手能力的发展都有极大的影响；另一方面，幼儿园的物质环境体现了教师的教育理念、历史的传统、社会环境等，因此在一定程度上影响着儿童的心理。所以，陈鹤琴说："毫无疑问，儿童从四周的环境中可以得到教育，因此，我们需要布置环境以充实儿童的生活环境，丰富儿童的学习材料。"

在古希腊神话中，海豚是不甘心受到束缚的人类的化身，它们跳到海里，变成海豚，因此它是智慧、友好、纯洁的象征。如，青岛幼儿园考虑到青岛是一个海边城市，在环境设计上，采用海洋生物来装饰幼儿园内部，寓意儿童在这样的环境中学习、游戏、成长，也会变得更加智慧、友好、纯洁。

研究表明，丰富的物质环境条件对儿童智力能力的发展有着极其重要的影响。一个具备丰富物质环境条件的幼儿园，可以提供大量的用于儿童提升感知能力的刺激物。比如，自然角，让儿童在观察自然角的过程中，感知、了解自然；积木角，可以帮助儿童了解物体的形状、用途，了解不同的搭建方式；等等。而物质资源匮乏的幼儿园，缺乏来自环境感知物的刺激，会影响到儿童的观察力、注意力、思维能力、语言表达能力等各方面能力的发展。

总之，幼儿园宽松、和谐、有序、自由的心理环境，宽容、理解、耐心、懂得儿童心理需要的老师，美丽、整洁、富有儿童情趣的外在环境，能够为儿童提供适应他们发展的心理活动环境，有利于促进儿童健康成长。

2. 家庭环境

儿童最早最深刻的经历和体验发生在家庭中，作为另一个直接影响儿童身心发展和行为的小生态系统，家庭对儿童健康心理环境的创设作用是非常大的。"宽松、和谐的家庭气氛会使儿童形成种种期望的态度和行为，从而有效地改善家庭的心理环境。"

（1）家庭气氛的影响。一般家庭能满足儿童对衣、食、住、行的基本需要，但只有健康和谐的家庭气氛，才能满足儿童安全、爱与归属、尊重、成就感等较为高级的需要。家庭的气氛取决于家长在家庭中的角色和地位、家长的教养态度、家长的人格素质及家长与子女的关系等。研究表明，家长教养类型与儿童心理健康发展有密切的联系。此外，由于家庭存在于一个更大的生态体系中，因此，家庭气氛还受特定历史时期内特定文化的准则、价值观和期望等因素的影响。

（2）家长情绪的影响。生活在现代社会中的人们，由于生活和工作节奏的加快、脑和机体其他部位的高速运转及休息时间的减少等原因，心理上常会产生压力感、失落感、抑郁感，这种状况影响着家长，并通过家长影响他们的子女。例如，心理紧张会引起家长情绪和工作能力的变化，这些变化特别是异常的变化，必然通过各种途径影响子女；由于家长忙于社会工作或社会交往，使得与子女的交往减少，特别是独生子女家庭或居住独户公寓的家庭，他们的孩子与他人交往的机会更少；家长对子女期望过高，不少儿童要承受来自各方面的竞争压力，使其天性受到压抑。因此，家长需要注意自己的情绪表达和行为，防止消极情绪影响儿童的心理健康。

（3）父母离婚等重大事件对儿童的心理伤害。从年龄段上看，30~40岁的人离婚率最高，达44%；40~50岁的人，离婚率达27%。也就是说，从现阶段来看，我国80后离婚率最高，70后位居第二。婴幼儿的父母大都在30岁左右，因此父母的离异会给儿童带来很大的心理伤害。

（4）家庭教育与幼儿园关系的影响。儿童在较长的一段时间里同时参与家庭和幼儿园的生活活动，因此，家庭与幼儿园之间的相互关系，对儿童来说也是一种影响身心发展和行为的生态环境。幼儿园和家庭相互联系、密切配合，在教育的要求和方式上尽可能一致，将有益于儿童行为的统一和人格的完整。如果幼儿园与家庭在教育要求和方法等方面相互脱节，甚至各行其道，教育的作用就会彼此牵制或者相互抵消。这样可能使儿童无所适从，还有可能损害儿童行为的统一性和人格的完整性。

3. 社会环境

幼儿园心理环境的创设离不开社会文化大环境，这是因为小生态环境与大生态环境是同源的。社会应当创造和谐安全的文化环境，从制定法律到提供各项社会服务，为幼儿园创设健康的心理环境提供保障和创造条件。

（1）大众传媒的影响。宣传暴力的电视节目为儿童提供了暴力榜样，长期收看这类节目，容易使儿童对暴力行为麻木不仁，此外，还会降低儿童对周围环境的安全感。儿童的年龄尚小，不能完全区分现实世界与虚构的故事之间的区别。虚构的电视节目可能会使儿童处于被迫害的幻想焦虑中，如担心坏人闯入自己的房间，出门遇到车祸、凶杀等，会使其情绪变得焦虑、不稳定。社会提供的大众传播媒介对于幼儿园的创设具有举足轻重的作用，社会应对各种面向儿童的读物、音像制品、广播、影视以及其他传播媒介进行严格审查，防止有害儿童身心健康的内容掺杂在内。

（2）社区环境的影响。幼儿园所在的社会环境对幼儿园创建健康的心理环境有直接的作用。社区文明程度的高低、治安状况的优劣，都会对儿童行为习惯的养成、安全感的确立产生很大的影响。如果幼儿园门口摊点乱摆，到处是出售不良读物、不洁食品、有伤害性玩具的商贩，儿童很难不受侵害，这也必然会对幼儿园创建健康的心理环境产生反作用。幼儿园应密切同社区的联系与合作，争取社区各方面的关心与支持，在社区环境治理时要重点搞好幼儿园周边环境的整治，确保幼儿园周边环境整洁优美。托幼机构还应在社区群众中宣传学前儿童教育的知识，支持社区开展有益的精神文明建设活动和文体教育活动，以争取社区支持和参与幼儿园的建设。

（3）社会重大事件的影响。社会生活中发生的一些重大事件，如战争、自然灾害（海啸、地震、飓风和洪水等）和社会经济制度的重大变革等，都可能直接或间接地对儿童的心理健康和身体健康产生负面影响。例如，战争、地震等不仅使儿童各种疾病的患病率增高，而且会造成儿童严重的心理负面反应。

知识拓展

案例观察

5岁的嘟嘟原本活泼开朗，可最近老师发现他的攻击性行为明显增加，稍不顺心就把拳头挥向同伴，午睡时还会发出尖叫声。教师进行家庭访问后，了解到原来嘟嘟的父母半年前离异了，嘟嘟现在由爸爸抚养。每天晚上睡觉的时候，嘟嘟都喜欢把枕头当成妈妈抱着睡，并且常常会在梦中呼唤妈妈。

分析：儿童最早最深刻的经历和体验发生在家庭中。家庭是影响儿童心理健康的主要社会环境。宽松、和谐的家庭气氛能使学前儿童感到心情愉悦，而家庭的争执，特别是父母的离异会从身心两方面给儿童造成伤害。处于氛围紧张的家庭环境中，儿童更易感到愤怒、害怕与沮丧，常会表现出强烈的情绪反应。在上述案例中，父母离异使嘟嘟不得不与一直照顾他的母亲分离，由此造成其生活以及心理环境发生变化，这是使其行为和情绪异常的最主要原因。

幼儿教师心理健康以及对儿童心理健康的影响

幼儿教师的心理健康是与幼儿教师的心理素质紧密联系的，心理健康是幼儿教师最基本的心理素质。一个心理健康的幼儿教师往往具有正确的自我认知、良好的心境、适度的情感反应、和谐的人际关系、健全的意志品质、统一完整的人格、良好的社会适应等特点，教学中能够营造良好的心理氛围和课堂气氛，使儿童具有良好的情绪状态。

主题1　幼儿教师心理健康的意义

导语

　　儿童时期是人的一生中发育最迅速、生命力最旺盛的时期。这里所指的发育同时代表着生理上的发育和心理上的发育。鉴于儿童的心理特点，外界极易对儿童产生影响，特别是与其朝夕相处的教师更会对他们产生极大的影响，且这种影响大多是伴随其一生的。由此，幼儿教师在儿童的成长过程中扮演着一个十分关键的角色，担负着重要的责任。这就要求幼儿教师不但要具备良好的身体条件和专业素质，还要具备良好的心理素质和健康的心理。

一、幼儿教师在教育中所扮演的角色

　　角色是指个体在特定社会生活中的身份认同，以及行为规范和模式的总和。《幼儿园教育指导纲要》中就明确指出，"幼儿教育是基础教育的重要组成部分"，是"终身教育的奠基阶段"，幼儿教师要成为儿童学习活动的支持者、合作者、引导者，儿童生活的照顾者，儿童和社会沟通的调停者，儿童发展的促进者，以及儿童教育的研究者。

　　1. 儿童学习活动的支持者、合作者和引导者

　　发展心理学家埃里克森认为，人的发展是按阶段依次进行的，

如果人的生命是一个周期，那么可划分为八个阶段：第一阶段口唇期（出生至1周岁），基本信任——基本不信任；第二阶段肛门期（1～3周岁），自主——羞愧和怀疑；第三阶段性器期（3～6周岁），主动——罪恶感；第四阶段潜伏期（6～12周岁），勤奋——自卑；第五阶段两性期（12～20周岁），同一性——角色混乱；第六阶段青年期（20～25周岁），亲密——疏离；第七阶段成年期（25～65周岁），生产——迟滞；第八阶段老年期（65周岁以后），自我统整——失望。每一阶段是否能够顺利度过则是由社会环境决定的。社会环境不同，阶段出现的时间可能不一样。这就是著名的心理社会发展阶段理论。

按这一理论，学龄前儿童正处于从"自主——羞怯和怀疑"向"主动——罪恶感"的过渡期。这一阶段的儿童已经学会了走、跑、说、思等基本能力，因此，一方面，渴望向外界展示自己的能力；另一方面，因对新具备的能力尚不能熟练地把握与运用，注意力集中的时间又较短，容易遭遇各种挫折，由此产生内疚感和自我怀疑。所以，幼儿教师在这一阶段需要承担的任务是，在儿童学习活动中，只要是儿童自己的想法、做法，不管过程怎样、结果如何，都要鼓励他们，鼓励儿童大胆地展现自我、表达自我；支持他们，在儿童处于放弃与坚持的纠结中时，给他们打气、加油，给他们解决问题足够的信心与决心；帮助他们，确因特殊原因，为儿童在探索活动中提供建议，帮助他们解决存在的疑难问题。

在一次"吃核桃"活动中，有的儿童用门缝挤，有的找砖头砸，有的用牙咬，有的用自己的小拳头砸，有的用镊子又夹又敲，还有的孩子们相互合作把两个核桃放在一起用力挤。虽然他们当中有些办法并不可取，甚至有些还具有伤害性，但老师没有去干预，而是在密切关注他们安全的同时，以接纳、尊重的态度鼓励他们继续尝试，并细心地观察、耐心地等待。在这次活动过程中，虽然有些孩子最终也没能打开核桃，但他们获得了"牙齿还不够有力""胳膊还不够长""核桃圆溜溜的夹不住""拳头、镊子好像没力气"等感性经验。活动结束后，老师不失时机地对他们的想法、做法提出了表扬，同时提醒他们安全第一，不能伤了自己、他人或公共财物。孩子们在充分展示自我、获得感性经验的同时，也获得了安全防护相关知识。

所谓儿童学习活动的合作者和引导者，就是要求幼儿教师在儿童教育过程中，要从心理上关爱儿童，在行动中引导儿童，以辅助儿童成长。

第一，幼儿教师要爱儿童，即要尊重儿童、理解儿童；要对儿童一视同仁，公平公正对待；要发自内心地关怀、接纳每一位儿童；尊重他们的想法、做法；能站在儿童的角度去理解他们，并能在教育活动中和儿童平等地交往、对话，让儿童感受并接受老师的爱、尊重与理解。

第二，幼儿教师要用行动理解和尊重儿童，给予儿童科学的指导。这就要求教师能借助于倾听，了解儿童的内心世界和真实需要，并及时地给予应答。在儿童出现错误的言行时，冷静分析，不但要给予儿童解释和反思的机会，还要给予必要且科学的指导，帮助儿童认识错误、改正错误。

第三，幼儿教师还要积极与儿童沟通，参与儿童的活动，和儿童打成一片；能敞开自己的心扉，针对儿童的需求，给予实质性的回应，让儿童有话敢说、愿说；成为儿童的知音，真正了解儿童的所思、所想、所需，并在儿童遇到困难时，和他们一起想办法，一起面对，协助他们解决存在的问题。

第四，幼儿教师在儿童的学习活动中，应以合作者的身份积极参与儿童的学习活动。在教育活动中，幼儿教师和儿童平等相处，共同探索，共同体验。一方面，用自己的权威性确保教学活动正常进行；另一方面，以一种伙伴的态度去关照儿童，确保儿童独立完成学习活动。

某班儿童正在进行"老牛耕地"的活动。强强扮耕地人，东东扮老牛。开始"耕地"后没走两步，东东就趴地上不动了，回头对强强说："你走慢点，本老牛很累。"强强调慢了速度，可刚走几步，就生气地将东东的双腿撂在地上，一边喘气一边说："你长得太肥了，腿这么粗，我的双手都抓不住。"这时，教师温馨地提示："强强，你试着和东东换一换，你来扮老牛，东东身体比你强壮一些，让他来抓住你的腿，看看交换后你们能不能成功。"在教师的提醒下，两人交换角色后继续"耕地"，东东果然抓牢了强强的腿，活动进行得很顺利。几趟下来，东东喘着气，甩着双手说："我还以为当老牛很累，原来当耕地人也累呀！"教师又提示："我们再请一个同伴来帮忙，看看三个小伙伴合作"耕地"的效果又会怎么样。"就这样，孩子轮流受邀加入进来，和东东一起扮耕地人"耕地"，大家都玩得很轻松、很高兴。多次过后，教师不用再提示，儿童们就可以自发地交换角色玩耍了。

这个案例，在儿童合作游戏中，同伴之间因体能和技能发展不平衡而受阻，使游戏很难继续下去，教师及时给予鼓励和提示，让儿童把游戏继续下去。同时还鼓励儿童以寻求其他同伴帮助的方式来拓展游戏的合作范围，从而改变游戏的状态。这样的做法，就是在儿童学习活动中扮演支持者、合作者的体现。

2. 儿童成长的看护者

儿童早期身心发展水平低，自主学习能力弱，情感依恋强。他们早期的依恋心理要求幼儿教师不仅要做教师，而且要做儿童的看护者。看护并非只是对儿童生理和生活的关怀，还包括对儿童良好情绪状态、健康人格、个人品质、社会品质和行为的积极关注和关怀。具体来说，这种看护体现在以下两个方面：

（1）保障儿童的权利

儿童具有主动活动、学习和发展的能力，儿童的发展过程就是其"内在潜力"不断显现的过程。因此，教育的首要任务是激发和促进儿童的发展，并根据自身规律实现自然、自主的发展。幼儿教师就要在儿童的这一成长过程中，努力保障儿童的权利。

（2）为儿童的发展创造适宜的氛围和环境

适宜的氛围和环境对儿童身心发展和"内部潜能"的发挥起着重要的作用。为此，幼儿教师要为儿童提供一个合适的"准备好的环境"。这种环境不仅包括物质环境，比如创造一个正常有序的生活环境，提供有吸引力的、完善的、适用的设备和用具等。这种环境还包括前文提过的更重要的儿童心理健康发展的精神环境，如允许儿童自主活动、自然表现，使儿童意识到自己的力量，丰富儿童的生活经验，促进儿童智力的发展，培养儿童的社会行为等。

在确保以上两方面的同时，教师要及时给予儿童鼓励、支持、宽容、理解和尊重，要成为这个"准备好的环境"的创造者、维护者和管理者，使这个环境舒适、温馨、安全、有序。

3. 儿童教育的研究者

对于幼儿教师而言，儿童教育的研究者意味着要成为反思型研究者。幼儿教师要在拥有对自身教学实践进行科学理性反思的能力基础上，提高自己的专业能力和专业素养，以更好地完成儿童学习的支持者、合作者、引导者，生活的看护者所应承担任务。

因此，幼儿教师在成为反思型研究者的同时，要注意从以下几方面进行研究反思：一是从课堂教学情境中各种技能和技术的有效性上进行反思；二是从课堂实践中存在的问题中进行反思，尝试将教育理论运用到教育实践中，并做出决策；三是针对课堂师生关系、人际交往等方面进行反思，并思考教育的实践价值、伦理道德等。

二、幼儿教师的心理特征

幼儿教师所承担的角色，决定了幼儿教师要具备相应的心理特征。这些心理特征表现为积极、正向的职业信念和自我效能感，成熟的心理和健全的人格，足够的心理敏感度和足够的人性关怀。

1. 积极、正向的职业信念和自我效能感

职业信念是指个体认为可以确信并愿意作为自身行动指南的认识或看法。自我效能感是指个体对自己是否有能力完成某一行为所进行的推测与判断。

幼儿教师的职业信念，表现在从价值观上高度认同、积极看待儿童和儿童教育，并能在具体的工作中确保自己的各种行为都是出于儿童发展的需要，都遵守了幼儿教师的职业道德要求。这就要求幼儿教师在面对不同儿童的不同问题和表现时，能科学看待，以爱育人，相信自己可以应对各种挑战，并能在内心建立充分的自我效能感，从利于让儿童产生安全感和信任感的角度出发，积极地寻找解决问题的方法，且能在方法不对时，积极调整而不是沮丧受挫。幼儿教师只有具备这样的职业信念，才能避免产生职业倦怠感和失败感。

2. 成熟的心理和健全的人格

幼儿教师成熟的心理和健全的人格，就是人们通常所说的"性格好"。幼儿教师的角色决定了幼儿教师要与儿童、家长和同事交往，要成为儿童的朋友、家长的知心人和同事的合作者，这就要求幼儿教师应时刻意识到，自己是儿童观察和模仿的对象，是向家长传达儿童情况的传达者，是同事之间协作的承担者。这就要求幼儿教师要体现出如下优秀的心理素质：

（1）认知上能理解和尊重人

首先，幼儿教师要尊重儿童。教师要认识到，儿童作为生物体，无论生理还是心理，都具有阶段性，要理解和尊重不同儿童在发展程度上的差异。只要是儿童非病理的表现，都要将其视为常态，不会与儿童的本能和天性较劲，更不会站在成人角度戴有色眼镜看待儿童和要求儿童做不可能做到的事情，而是能设身处地地理解儿童，认识儿童发展的客观规律，因材施教，实行个性化教育。其次，幼儿教师要能够做好自我觉察，接纳自身的情绪特点，觉察自身的情绪会对儿童产生怎样的影响，进而及时切换情绪状态，不让自己陷于不良情绪之中。

小童高兴平时总是目光呆滞，不大说话，一说话就叽里咕噜。最初的日子里，他天天尿裤子，乱用别人的杯子和毛巾，还常常龇牙咧嘴，大哭大闹，高兴时则在地上、床上爬来爬去，与同伴追进追出，批评对他来说毫无意义。有时候，苗老师甚至想，班上要是没有这个孩子该多好。一天中午，孩子们吃完午点都急着去玩玩具，活动室里的桌椅东一张西一张，乱七八糟。苗老师正要生气，却发现高兴走过去，将椅子一张张摆放整齐，苗老师一阵感动，问："高兴，你怎么不去玩呢？""椅子还没摆好呢。"小小的一件事，让苗老师看到了高兴爱集体、喜欢为集体做事的美好品质。自从发现他身上的"闪光点"后，苗老师就再也没有了以前那种想法，觉得他像其他孩子一样，挺可爱的。于是，苗老师开始和他交朋友，让孩子们跟他亲近，与他结伴玩耍，并耐心地教会他自主生活的能力。游戏时，苗老师主动牵他的小手，摸摸他的头。对他的点滴进步，苗老师总会在全班小朋友面前表扬他。功夫不负有心人，不久后，高兴的眼睛渐渐明亮起来，态度渐渐友好起来，脸上也时常挂着微笑。

（2）尊重和信任儿童的发展

尊重意味着能够认同儿童是具有独立人格的存在，而不是以教师的权威要求儿童服从，应是能认真对待儿童，尊重他们，换位思考，让儿童有选择的自主权利，将注意力放在和儿童进行高质量的互动上，而不是监控和督导儿童的行为。

一天，美术活动课的内容是"有趣的海底世界"，牛牛在海底画了许多热带鱼、海龟、海马和海草，颜色鲜艳。他的画画面干净而且内容丰富，充满童趣和幻想色彩。老师赞赏地摸了摸牛牛的头，就去巡视其他孩子活动。当老师再次回到牛牛的身边时，发现刚才那幅美丽的画面已被黑色色块破坏得面目全非！老师没有批评他，而是问他这样做的原因。牛牛说，这里的海水被污染了，上面的黑色色块是海里油船排放的污水，他呼吁大家要保护环境！不要乱排污水！多么美好的愿望！

（3）不以非黑即白的二元论看待儿童的行为。

儿童在成长中肯定会出现诸多问题，特别是和儿童的心理、人格、人性相关的问题，这些问题不能以非黑即白的二元论的方式来看待和解决。这样的解决方式，只能给儿童带来伤害，甚至给儿童心理带来阴影。

3. 足够的心理敏感度和人性关怀

教育是一朵云推动一朵云，一棵树摇动一棵树，更是一个生命影响另一个生命的过程。幼儿教师要对不同儿童的行为表现及情绪状态有着敏锐的觉察和判断，在面对个体差异较大的儿童时，要能在进行教育活动时，兼顾不同儿童的个性化需要，对他们的不同表现给予及时的回应。这就要求教师具备足够的心理敏感度和人性关怀。唯有如此，教师才能感知儿童内心的变化，能从儿童的角度思考问题，进而顺应儿童的心理发展，科学地解决问题，引导儿童更好地发展。

程程是班里比较内向的孩子，自理能力稍弱，平时就默默无闻，多数时间只与固定几个儿童交流。在教育活动中，更难见到他举手发言，有时被点到名字，就露出一副害羞的样子，站着不说话。平时老师也力图通过不断引导使他大胆回答，却大多以失败告终。

区域游戏时间到了，小朋友们都表现得很兴奋，各自选择了喜欢的区域开始游戏。郝老师观察了一会儿，发现程程有些漫无目的地在美工区"游荡"，每种游戏材料似乎都看了一遍却不知道选择什么，显得有些沮丧。郝老师来到他的身边，问他："你今天选的美工区，你肯定是想做手工或者画画，对吗？"他点了点头。郝老师接着问他："那你想玩什么呢？做手工好吗？"程程说："为什么要做手工？不做手工好不好？"郝老师再问："你为什么不喜欢做手工？"程程说："我做不好，太难了。"郝老师答中有问："那我们今天画画吧，你看你想画什么？"程程便选择了京剧脸谱，看来他是想装饰京剧脸谱。

在郝老师的引导下，程程尝试根据老师提供的步骤图和模板进行绘画、涂色，但老师提供的其他装饰脸谱的材料，他并没有去使用。郝老师也没有要求他一定要使用，而是鼓励他用他喜欢的方式去完成。

三、幼儿教师拥有健康心理的重要意义

幼儿教师的职业决定了其必须具备相应的心理素质，幼儿教师要完成自己的责任和义务，还要明确自己需要具备的心理特征，自觉提升自己的心理素质，培养自己的健康心理。这是因为，幼儿教师的心理健康具有如下重要的意义：

1. 为儿童营造温馨的环境

幼儿教师心理健康，就可以向儿童传达爱与关注。而爱是万物之中最神圣的东西，无论成人还是儿童都需要它，它能给儿童无限的力量，安抚儿童，让儿童获得精神支柱，让儿童获得安全感，消除儿童对幼儿园新环境的惧怕感，进而习惯老师和幼儿园，最终喜欢上老师，喜欢上幼儿园。

心理健康的幼儿教师，愿意以真诚的微笑、真诚的爱抚面对儿童，于是儿童就从老师的一个微笑、一句赞扬的话语、一个拥抱、一个吻、一个小小要求的满足中获得无比的快乐，从而拉近了师生之间的距离，使儿童能无拘无束、毫无顾忌地模仿老师，敢于行动，在行动中提高能力。

心理健康的幼儿教师可以为儿童创造这样温馨的环境，儿童在享受爱的同时，也学会付出爱。于是儿童与儿童之间学会了互相照顾，学会了谦让，学会了分享。

2. 有利于儿童的心理健康

著名的意大利教育家玛利亚·蒙台梭利经过长期对儿童的观察与

研究，曾指出：儿童具有吸收性心智，这是他们形成健康的独立意识的关键时期。他们在成长过程中，通过和同伴、成人直接接触而感受最为真切、最为深刻的社会性行为。在这一时期，倘若成人能对儿童的独创性和想象予以积极的鼓励，那么儿童就会由此获得正视和追求有价值目标的勇气。反之，儿童就会缺乏自信心，产生内疚感。这里所说的"健康"一词不仅指生理正常无病痛，还包括心理健康。更为重要的是将理论和日常教育的经验结合起来，帮助儿童建立健康的心态，茁壮成长。因此，维护儿童的心理健康是幼儿教师的一项重要的社会义务。

一个具有健康心理的幼儿教师，在多方面关爱儿童的同时，还会为儿童创设良好的心理健康环境。儿童在与这样的教师沟通时，可以从中感受到来自教师的关注和尊重，觉得被重视，并在教师表达的关心和喜爱中，得到安全的、愉快的情绪体验。这种积极的情绪体验，对于儿童保持活泼、开朗的性格，增强对教师的喜爱和信任，愿意接受教师的引导和帮助发挥着重要的作用。同时，儿童表达出情绪、情感，教师也能够及时地了解儿童的需要，给予适宜的指导与帮助，有利于师生之间建立起相互信任、相互尊重的关系，促进儿童心理的健康发展。这样良好的环境，不但有利于激发儿童参与活动的积极性和创造性，而且有助于儿童良好性格的形成。

3. 利于幼儿教师增强职业幸福感

幸福感是一种主观感受，是需求得到满足、潜能得到发挥、力量得到增长时所获得的持续性的快乐体验。不用说，职业幸福感的获得对于幼儿教师来说相当重要。而要获得职业幸福感，幼儿教师就需要具备健康的心理。

（1）心理健康与职业幸福感的关系

心理健康指的是精神素质、心理素质维持在一个较稳定的良好状态。心理健康的表现需要满足以下几个条件：

一是有适度的自尊心与安全感，通过努力可以实现自我价值并从中获得自我提升与满足。二是可以理性对待事物，做事能积极动脑思考，对外界以及未来有着正确客观的认识，可以明辨是非，看问题有个人主见；在经受打击时能够控制情绪，没有不切实际的幻想。三是能适应人际交往环境，适应社会生活，能与人保持顺畅的沟通，建立较好的人际关系。四是对自己有客观的认识，能够调整自己适应社会环境，及时反思并改正错误。五是对生活有幸福感，能够从生活中获得快乐。

职业幸福感指当人从事某一职业时，能在工作中获得身心的满足与快乐。职业幸福感是影响个人心理健康的重要因素，个人心理健康也是其拥有职业幸福感的重要前提，两者相互促进、相互制约。

（2）心理健康方能自觉从业

一个人如果追求和获得幸福感，必须实现自我价值，即核心自我。核心自我的实现是一个人最大限度的发展的体现，其有效实现必定要以职业为载体，即核心自我的实现需要以职业的价值认同、自己具有实际才能、个人兴趣和意愿为前提条件，三者缺一不可。因此，要想提高幼儿教师的职业幸福感，就要保证其心理健康与职业幸福感的统一。因为幼儿教师只有心理健康，才能心甘情愿地从事儿童教育事业，并热爱儿童教育事业，才能保证儿童教育的健康积极，才能使其体会到职业幸福感。

幼儿教师心理健康的标准

幼儿教师的心理健康是在一定的范围条件下，将个人的心理素质表现出最佳的状态。对于不同的社会分工，也要体现出相对应的心理健康标准。根据幼儿教师的职业特殊性，对于幼儿教师的心理健康标准应该包含以下内容：

具备教育的创新能力。在教学活动中要不断地学习进步，发挥儿童的主观能动性，根据儿童的生理和心理的特点创新地解读教材，选择合适的教学方法，设计科学的教学环节，使用符合儿童认知发展的教育语言，布置合理有趣的作业等，正确地认识、了解、评判自我。在教育活动中体现为根据自身的能力制定短期的工作目标和长期的职业追求；能正确地评价儿童、同事和自身；拥有较强的自我控制和调节能力；具备较强的个人教育效能感。

对教师这个职业有较强的认同感，热爱自己的工作，勤勤恳恳。工作时能积极投入到工作中，发挥自身的才干，通过工作能得到自身满足和成就感，免除无谓的焦虑。

在生活和教育过程中能真实地感受各种情绪，并能很好地控制住自己的情绪。由于服务的对象都是儿童，幼儿教师要善于调节自己的不良情绪。须知，人是有感情的动物，而生活中处处有矛盾，任何一个人都会因为一件小事产生一些不良情绪，比如烦闷、恼怒、焦虑，乃至恐惧等。幼儿教师面对的是有血有肉的人，是学龄前的儿童。因此自我情绪的管理对幼儿教师这个职业尤为重要。具体表现为要有乐观积极向上的心态；能冷静处理生活和教育活动中发生的各种不良事件；能一视同仁地对待班级中不同层次的儿童；不将工作中的负面情绪带到生活和家庭中；同时也不能将生活的负面情绪带回课堂。

能建立良好的人际关系。幼儿教师拥有良好的人际关系，在教学活动的展开和家校的沟通中都非常重要。良好的关系能帮助教师建立自己的威信，引导儿童树立一个积极向上的班风，同时也能促进家长配合教师的工作，有利于儿童的管理。

有极强的自制力。只有具备坚韧不拔品质的人、能自我控制和调适的人，才能更好地适应社会生活。和其他工作一样，幼儿教育和教学工作也不是一帆风顺的。心理健康的幼儿教师具有良好的意志品质，能自觉克服困难，在问题面前永不畏惧，有坚定的原则和信念，做事态度严肃认真又诚恳明朗，处理果断又以理服人，待人积极和善且蕴藏着坚定性，对目标能一如既往追求到底，有极强的自制力。

主题2　幼儿教师心理健康对儿童心理健康的影响

导语

　　幼儿园是儿童接受教育、增长知识的场所，是培养儿童良好的身体素质和心理素质的主阵地，儿童对幼儿园会产生依赖心理和归属心理。因此，幼儿园在儿童的成长过程中具有极其重要的作用。在幼儿园里对儿童影响最大的是幼儿教师，幼儿教师的心理健康对儿童心理健康的发展有着不可忽视的作用。

一、对儿童心理产生影响的原因

　　幼儿教师的教育对象是天真、幼稚、可塑性极强的儿童。儿童每天大部分时间生活在幼儿园这个环境中，与教师朝夕相处，他们的游戏、学习、生活都由教师指导、管理和培养，教师不仅是儿童知识、智慧的启蒙者，更是儿童情感、意志、个性的塑造者，在儿童眼中教师是无所不能的权威。正是由于教育对象的特殊性，幼儿教师的心理健康对儿童心理健康的发展有着重要影响。

　　1. 儿童心理发展特点

　　心理素质是以生物遗传为基础，把社会文化交互活动中的刺激内化并生成的关于适应社会性行为的最基本的、最稳定的心理品质的总和，是一个动态的、发展的、维度多元的系统。儿童正处于心理发展阶段，这一阶段的心理发展特点，决定了他们的心理素质受教师心理素质的影响。

（1）可塑性。儿童的身心都处于成长发展中，具有很强的可塑性，而且年龄越小可塑性越强。因此，相比成人，儿童更容易受到外界的影响。所以英国教育家洛克才将儿童的心灵比作一块白板，因为儿童的一切思想观念都需要从外界获得。教师对儿童的教育，就如同在白板上绘画一样。这些教育内容，不仅包括知识与文化，还包括教师的言谈举止。这些内容无不反映了教师的心理素质，如同在"白板上绘画"一样，其心理状态直接影响儿童的心理状态。

（2）模仿性。模仿是儿童的天性，也是其学习的主要手段。儿童无论在知识、智力，还是在心理品质、思想道德方面，都还处于形成时期，缺少独立性和自我教育的能力。因此，此时的儿童对教师怀着一种特殊的信任和依恋的情感，心理学上称之为"向师性"。在他们的眼里，教师具有权威性，他们信任老师远胜于相信父母、兄弟、朋友，于是经常可以听到他们口中说"我们老师说……"因此，教师本身或教师所倡导的思想、行为、品质往往都是儿童最信赖的，儿童在学习、生活中往往模仿老师。儿童不具备明辨是非的能力，在模仿教师方面，往往是全方位的。因此，幼儿教师的心理健康状态就会明显地影响儿童的心理健康状态。

由于儿童在心理发展上的这种特点，幼儿教师的教育方式和教育内容，都会对儿童的心理素质造成一定的影响。教师的观念、态度和处理问题的方式，对待成败、荣辱得失的表现，工作中的一举一动及所有的心理状态，都能被儿童感受到、观察到，会无形地影响着儿童，促进或制约着儿童健康心理的发展。

2. 幼儿教师心理素质对儿童心理的影响

幼儿教师心理素质是以人格为核心内容，经由先天和后天的合力作用所形成的，与儿童身心发展密切相关并对其有显著影响的心理品质的综合表现。它是幼儿教师个体的一种有机的综合性的机能状态，渗透着人的心理现象所包括的各种心理成分。

（1）幼儿教师的心态影响师生间的心理关系

幼儿教师与儿童之间的关系是儿童心理健康的重要保障。一个幼儿教师倘若豁达、开朗、善良，就会让儿童获得健康的心理支持，师生之间就会形成良好和谐的心理关系；一个幼儿教师如果自私、狭隘、暴躁，动辄体罚、挖苦、讽刺儿童，或者在评价、对待儿童的时候，依据儿童的学习成绩和家庭出身采取不同的态度，则会给儿童带来巨大的心理伤害。近年发生的一些幼儿教师体罚、责骂、挖苦、讽刺儿童的行为，导致儿童身心受到了严重的伤害。这样的事件时有发生，一些情节严重的甚至被新闻媒体曝光。究其原因就是这些幼儿教师不良的心理素质，或是其个性品质不良，或是其心理承受力差，总之，无论怎样的表现均反映了幼儿教师心理素质存在问题，由此做出这些行为，在对儿童肉体造成伤害的同时，也给儿童的心灵造成创伤，甚至使儿童患上严重的心理疾病。

（2）教师不健康的心态会影响儿童的学习态度和生活态度

心理不健康的教师的不良言行会对儿童的心理、生理产生极其消极的影响。同样，幼儿教师的这种不健康的心理素质和心理状态，尤其是其喜怒无常的情绪状态和暴躁乖戾的性格，也会使儿童形成心理障碍。

幼儿教师李某，对于周六、周日完不成作业的儿童，采用的处罚方式就是或让儿童在课间和中午跑步，或让儿童在众目睽睽之下跑，或让儿童饿着肚子跑。第一次跑10圈，第二次就跑20圈……结果儿童开始恨老师、恨学校，儿童的心理逐渐扭曲。后来，其中的一位儿童升入中学后，在日记中写道——从上幼儿园起，我就是一个破瓶子，从小就被家长和老师摔碎了，碎得再也不能拼接了。一个破瓶子还能有什么用？

由此可见，幼儿教师的心理素质决定着其心理健康状况，进而直接影响到儿童的成长。幼儿教师在提高专业素质的同时，要将提升自己的心理健康纳入学习范畴，进而从根本上促进儿童的成长，真正实现对儿童的教育。

二、幼儿教师外显行为对儿童心理产生的影响

我们可以依据心理学原理，了解幼儿教师的外显行为对儿童心理的影响。

1. 幼儿教师的不良教育行为影响儿童的心理素质

幼儿教师的不良教育行为，指幼儿教师在对儿童实施教育过程中，严重伤害了儿童情绪、情感的，给儿童的身心发展造成伤害的行为。这些行为包括一些教育过度或教育不当的行为。

芳芳是个4岁的小女孩，最近她每天回家都让妈妈给她买丝巾，而且要求款式不重样。后来她妈妈了解到，原来她们班的带班老师邹老师每天都要换丝巾，而她非常喜欢邹老师，所以也要和邹老师一样。

心理学家班杜拉的观察学习理论提示我们，榜样在儿童社会学习和行为发展中起着重要作用。同时，大量的观察和实验研究也证明，教师对待他人和儿童的情感态度和行为、解决问题的思路和方法都对幼儿的发展产生着深远的影响。

案例中，幼儿教师每天换丝巾这一细微的行为，却影响了儿童的行为习惯。由此可见，幼儿教师的外显行为，对儿童有着极深的影响。这种影响不仅表现在儿童的行为习惯上，还表现在儿童的心理素质上。

2. 幼儿教师的不当言行影响幼儿心理

"教育的成功和失败，老师是决定性因素。身为老师，具有极大的力量，能够让孩子们活得愉快或悲惨，可以是制造痛苦的工具，也可以是启发灵感的媒介，老师能让人丢脸也能叫人开心，能伤人也能救人。"在教育活动中，幼儿教师往往会出现不当的言行，在无形中对儿童造成一定的心理伤害和影响，这种心理伤害和影响有时候是我们很难意识到的。

比如："你看某某小朋友写的字多漂亮啊！你再看看你自己写的，写得又不好，上课又不认真听！"拿一个儿童的优点跟另一个儿童的缺点做比较，这种说法就是言语不当。也许这位教师是想利用激励性语言来激发写字不好的儿童的行动力，希望他能够因此多练练字，上课能认真听课，但是这位教师没有意识到每个儿童的发展能力是各有异同的。写字写得好的儿童被教师表扬了，可能会因此而骄傲自满，甚至排斥被批评的那个儿童；而被批评的那位儿童，因为觉得自己写字不好，会感觉别人瞧不起自己，甚至感觉班上的任何一个儿童都比自己强，因此会产生严重的自卑心理和消极情绪。

儿童时期的思维是具体形象的、爱模仿的，他们最不喜欢被说教。恰好幼儿教师的身教是具体形象的，起着示范性的作用，正符合儿童的思维特点，所以它有强大的说服力和感染力。而幼儿教师的良好行为习惯是他们学习的直接范例。因为幼儿园的教师与儿童朝夕相处，关系密切，幼儿教师的言行每时每刻都在潜移默化地影响着儿童行为习惯的形成。所以，儿童时期，教师在孩子的心目中是最具权威的人，是孩子最爱模仿的对象，幼儿教师的良好行为习惯将有效地影响儿童良好行为习惯的形成以及健康心理的养成。

三、影响儿童心理健康的常见不良教育行为

1. 威胁恐吓

指在幼儿园生活中，当儿童不听教师的话或犯错误，或没有达到教师的期望时，教师用恐吓方式或手段让儿童产生心理上的恐惧，以改变或阻止儿童的某种行为，达到教师的意愿。如"谁要是不听话就给我滚出教室""谁再乱动就站到阳台上去晒太阳，别睡了""谁再讲话晚上放学就给我留下来，一个人讲个够"，"谁要是再干什么，就会怎么样"，诸如此类。这样的威胁恐吓行为，包括剥夺式恐吓和惩罚式恐吓。

（1）剥夺式恐吓。剥夺式恐吓是以剥夺儿童的正常需要为武器，对儿童实施恐吓，以达到让儿童听话的目的。如，游戏时，妍妍对徐老师说："老师，陈昊抢我的玩具。"因陈昊是班里最调皮的男孩子，所以老师听到有人来告他的状时，不愿再去了解具体情况，张口就说："陈昊，你怎么又抢别人的东西了？你爱干什么就干什么吧，我的游戏你不需要参加了。"于是，老师不由分说地将他拉到一边。陈昊急红了脸，老师当时非常不耐烦，所以未注意到他欲言又止的表情。老师又走到妍妍的身边，不耐烦地说："以后不准一点点小事就来告诉老师，你没看到老师在忙吗？"

（2）惩罚式恐吓。惩罚式恐吓是指在儿童不听话的时候，对儿童的行为给予一定的惩罚。如：马上就要进行集体教学活动了，孩子们

陆陆续续地回到自己的座位上坐好，许老师开始了今天的语言教学活动《听雨》。孙小洋坐在自己的位子上没仔细听，他用手拉旁边赵蕊的衣服。赵蕊皱了皱眉，将自己的凳子往旁边挪了挪，孙小洋见赵蕊挪过去了一点儿，于是伸出自己的右手继续拉，两个小朋友开始拉扯起来，发出一阵吵闹声。老师有点儿不高兴地瞟了他们一眼，继续讲诗歌《听雨》的内容。这时赵蕊突然叫了起来："老师，孙小洋一直拉我的衣服。"老师终于大声地对孙小洋说："孙小洋，你给我坐好了，如果不能坐好，给我站到门外去！"本来和赵蕊拉扯的孙小洋听到老师的话，停止了拉扯的动作，他怯怯地坐正了身体，两眼目不转睛地盯着老师，脸上露出了害怕的表情。赵蕊接着又说："老师，我袖子上的亮片片被孙小洋拉下来了……""好了好了，我听到了，其他小朋友给我听好了，从今天开始你们谁也不要去惹孙小洋，谁惹了他，我就找谁，听见了吗？"老师一边严肃地说着一边用眼睛迅速地扫视全班同学。孩子们赶紧大声地答道："听到了。"孙小洋无辜地看着老师，很难过，但过了几分钟，老师就转移了话题继续讲课，他又恢复了原貌，眼睛四处乱瞟，一副满不在乎的样子，不知道在想些什么。

无论从尊重儿童的角度还是从保证儿童身心健康发展的角度来看，教师的恐吓行为都是一种负面的、消极的行为。这样的教育行为是在教师情绪失控的情况下产生的，教师对儿童进行呵斥表明其已经被负面情绪所左右，这时候的言行很不理智，通常不会给儿童带来好的效果，只会起到负面作用。比如，一些多尿儿童因为老师的恐吓而导致排泄功能发生紊乱，还会让儿童产生自责心理和惧怕心理，甚至可能引发儿童的其他问题行为，如退缩等，进而对儿童的心理健康造成危害。

2. 引诱儿童

引诱行为是指幼儿教师针对儿童的说谎行为，以各种条件引诱儿童说出真话，然后对其施以惩罚的教育方式。

一天中午，幼儿园的小朋友吃完点心，该是午休的时间了，亮亮也和其他小朋友一样，躺在床上睡觉，感觉和其他的时间没什么区别，可是午休结束的时候老师发现亮亮尿床了。事后，老师也没有立即揭发他，而是等待亮亮自己承认自己犯下的错误，但是结果不是老师所预料的那样。于是老师将亮亮叫到一边，问："今天我们班里有人尿床了，是你，对不对？午睡前老师让你上厕所，你是不是撒谎了？"亮亮看了看老师，眼里写满了恐惧，然后哭了起来，一边哭一边大声地说着"我没撒谎"。

撒谎行为一般是指所说的话与事实不符，用编造的话来骗人的一种行为。基于这种对撒谎行为的定义，在相当多的教师眼里，如果儿童说谎，则是儿童的道德品质出了问题。然而实际上，儿童说谎的原因是复杂的。

首先，儿童撒谎是一种无意识的行为。这是儿童心理发展特点造成的。3～6岁的儿童由于神经系统发育不够完善，输入系统和输出系统经常出错，记忆和认知易发生错误，于是经常出现想象和现实混淆的现象。这种现象在成人看来，就是孩子在说谎。事实上，从心理学的角度来看，这是一种假设谎言。如下述案例：

在晚间洗漱环节中，张老师发现明明总是第一个洗完脸、刷完牙，而且每次都非常快。这天，张老师观察明明，发现他吃完晚饭、送完餐具后，只是洗了脸就回来了，原来他根本就没有刷牙。这时候张老师就走到明明面前问："你刷牙了吗？""刷了。"明明回答。张老师又问了一遍，结果明明还是回答说："刷了。"只不过他的声音比刚才小了。张老师说："刷完牙的小朋友嘴巴里会有香味，让老师闻一闻你嘴里有没有香味。"明明只好张开嘴巴让张老师闻。张老师闻后说："你的嘴巴里没有香味，你是不是没有刷牙啊。好孩子要诚实，没刷牙没有关系，只要和张老师说实话，张老师不会怪你的，以后改正就行了呀！"接着张老师又轻声地问了明明刷牙了没有。明明迟疑了一会儿，承认了自己没有刷牙并向老师撒了谎。张老师看到明明承认了错误，就开始跟明明说："牙齿是我们的好朋友，它们最喜欢爱干净又诚实还聪明的孩子！"还一边说一边做刷牙的动作。在以后的一段时间里，张老师都用这个动作与明明互动来提醒明明记得刷牙。

其次，儿童说谎是真实存在的，有时是因为儿童出于恐惧心理，故意说假话。这样的撒谎行为，是因为儿童害怕承担后果，而这种行为的出现和发现者的引导有关。

今天中午漱好口准备出去散步的时候，××老师发现盥洗室镜面上有许多水，很明显是用嘴巴把水喷上去的。当时××老师有点儿生气，便问："是哪个小朋友把水喷到盥洗室镜子上的？漱口水有很多细菌，这样很不卫生。"可能孩子们发现××老师有点儿生气，有的连忙说不是我弄的，有的说是婧婧弄的，这时阿姨过来说是婧婧弄的，都已经擦过一次了。于是××老师走到婧婧身边问："是你把水喷到镜子上的吗？"她说"不是"，"没关系，老师不会怪你的，如果是你弄的，下次不弄就行了。""钧钧也弄了。"从她的回答中，××老师已经知道是她弄的，但她宁愿说别人，也不愿承认是自己弄的。之后她还和小朋友起争执，打了别人又没有承认错误。晚上她奶奶来接婧婧，××老师和她稍微说了下这些事，她奶奶一听就说："怎么可以打人呢，再打人奶奶要打屁股了。"婧婧哭了起来。奶奶说婧婧在家经常说谎，怎么打也没有用。××老师也意识到自己不该那么草率地告知家长，对于婧婧撒谎，奶奶有很大的责任。

案例中儿童婧婧的行为就是真撒谎，原因是此前她在家撒谎被打屁股，儿童出于恐惧心理而撒谎。因此，儿童的真撒谎行为实际上是发现者对待他们的态度造成的。长期下去，儿童就会因为害怕承担后果而习惯性说谎，从而变为有问题就说谎。

无论儿童真说谎还是假说谎，相当多的幼儿教师的引诱行为，会给儿童的心灵造成伤害，使他们认为以后不能说真话，说真话会受到处罚，进而养成说假话的坏习惯。尤其是幼儿教师在引诱后的行为，强化了儿童的说谎行为，这种基于负强化原理上的教育，不但不会让儿童的说谎行为消退，反而为其以后形成不健康的人格埋下祸根。

3. 向家长告状

所谓告状行为，是指幼儿教师针对儿童的违纪行为和攻击性行为等外向型行为问题，向家长诉说。

一天中午，小班孩子们正在为自己搭出漂亮的房子而高兴的时候，阳阳两手各拿一根长柱形的积木，撞击同伴们的"房子"。"房子"的主人们有的护着房子不让他靠近，有的用手去推他，阳阳则抬起手上的积木就打。不仅如此，从他身边经过不小心跌倒的孩子也得到了他的特别"关注"。他走到正努力站起的同伴旁边，一下就压了上去。身下的同伴哭了起来，他仍然压着，直到老师喊住他，而他站起的时候竟然哭了，仿佛很委屈。老师也曾苦口婆心地对阳阳讲道理，想让他能友好地与其他小朋友一起玩，但收效甚微。甚至有那么一次，当孩子们随意地坐在老师身边的时候，一位小姑娘怎么也不愿坐下，老师询问她，她说："我不要和阳阳坐在一起。他打我！"阳阳立即站起来，伸出双手抓住小姑娘的胳膊，使劲地捏着，嘴里还说着："坐下！不许说话！"表现得很愤怒。因为他的如此言行，小朋友们都不愿意与他交往。幼儿离园时，愤怒的肖老师当着儿童和家长们的面，向来接阳阳的外婆狠狠地告了阳阳一状。

对于幼儿教师而言，一方面，儿童的违纪行为和攻击性行为极易激起教师的愤怒感，进而让教师感觉自己的权威受到了挑战。因此，幼儿教师会在呵斥、处罚之外，将事情向家长诉说，而家长通常会当着老师的面批评孩子，这就挫伤了儿童的自尊心，造成儿童对教师的愤怒，从而使儿童认定教师不喜欢自己，最终造成师幼关系紧张。另一方面，幼儿教师的"告状"行为，会让幼儿感觉自己在其他小朋友面前丢脸，抬不起头来，降低了儿童的自尊感。研究表明，低自尊感会导致重大的身心健康问题，包括焦虑、抑郁、饮食失调和成瘾。尤其是随着儿童长大，其低自尊感会引发更多身体和心理问题，甚至会导致犯罪行为的发生。

4. 体罚与变相体罚

变相体罚行为一般是幼儿教师针对儿童进餐困难、不遵守规则等违纪或不良行为做出的不良教育行为。

浙江在线报道，3岁儿童明明被送入本地一家口碑挺不错的幼儿园。刚上幼儿园时，明明很高兴。但后来几天，妈妈发现明明回来会哭闹，以为是明明不太适应幼儿园的集体生活。随后的几天，明明开始抵触去幼儿园。甚至在一天夜里，明明惊醒了三四次，还会突然从床上跳下来，手舞足蹈。这让明明的父母忧心忡忡，一夜难眠。后经调查发现，原来是因为明明在午睡的时间哭闹不肯入睡，班级的老师怕影响其他孩子午睡，干脆用胶带将明明的嘴巴封了起来。

在这个案例中，幼儿教师的行为就是一种体罚。这是一种比较特殊的行为。而针对儿童进餐困难，一些幼儿教师采用的却是罚饿或罚站的方式。

对儿童进行体罚已经引起全社会的关注，加之对儿童的身心健康会造成不利影响。但仍然有一部分幼儿教师在对儿童进行教育时，采用变相体罚的方式。幼儿园的幼儿一般是统一进餐，个别儿童或是在进餐时间注意力不集中，或是吃饭较慢，个别幼儿教师就会将这名儿童的食物收起，或是让儿童到教室后面站着吃。这种行为导致儿童因为摄入能量不足，无法保证正常活动需要的体力，降低了儿童的活动积极性。从儿童的心理健康的角度来看，教师的这种行为会降低儿童在集体面前的自尊水平，从而影响儿童的心理健康。

5. 漠视儿童诉求

下午的小班区角活动中，瑞瑞小朋友在很认真地剪纸，他嘴里还嘀咕着："我要剪个爱心给妈妈。"突然，旁边的小朋友乐乐不小心碰到了他的胳膊，他的爱心被剪歪了，他生气地大叫起来："老师，乐乐碰坏了我的爱心。"老师没反应，仍在看着其他幼儿。于是，瑞瑞委屈地又说："老师，他把我的爱心弄坏了！"

这种漠视儿童诉求行为的出现，一般多是针对儿童的告状行为。儿童告状行为指儿童在自认为受到同伴侵犯或发现某种行为与幼儿园集体规则、教师的某项要求不相符合时，主动向教师发起的一种互动行为，或儿童将自己或别人受到的欺负向教师陈述的过程。研究表明，告状行为是儿童发起的几种师生互动中发生频率最高的一次，所占比率高达28%左右。正是因为儿童这种行为过于频繁，相当多的幼儿教师采取了漠视的态度，对其置之不理。儿童为什么会出现如此频繁的这一行为呢？

第一种原因是儿童为了满足自己的表现欲，为了向教师表功，获得教师的关注或认同，以此来抬高自己在教师心目中的地位；第二种原因是儿童为了能够得到教师公正的裁决，或为打抱不平或为维护纪律；第三种原因是为了逃避责任，害怕受到批评，甚至为了试探教师的态度；第四种原因是儿童嫉妒别人或"报复"别人。

无论何种告状，都体现了儿童认知水平低，缺乏生活经验。心理过程特别是认知过程处于初步发展阶段，思维能力、独立性等都很差，依赖性较强，因而对周围所发生的事件不能进行全面的、完整的评价，也无法应对和处理发生在自身或周围的问题。这反映了儿童由于道德水平逐渐提高，他们已懂得把自己和别人的言行与一定的行为规范做比较，产生了一定的道德体验。为此，当儿童因为处理他人的纠纷而受了委屈向教师告状时，幼儿教师如果采取漠视的态度，就会造成儿童心理上的不满情绪无法发泄、郁积于心。不良情绪不能得到及时疏导，会影响儿童的心理健康。同时，儿童如果出于获得关注和夸奖的目的而告状时，幼儿教师的漠视会让儿童得不到大人的肯定，进而逐步降低儿童对成功感的渴望，甚至可能降低儿童学习与游戏的欲望。这种心理感受如果长期发展下去，会阻碍儿童的心理健康发展，进而成为其成年后成长动力的障碍。

6. 讽刺儿童

讽刺儿童，指幼儿教师在教育过程中用夸张、比喻等手法间接地对儿童的言语或行为表现进行揭露、批评、嘲笑等负面的评价或价值判断。

小班音乐活动课上，老师让孩子们站起来学小动物。孩子们站起来和老师一起做，当老师让孩子们坐下的时候，多数孩子都没有坐下，洋洋和琪琪还高兴地跳起来，其他儿童看到后也跳了起来。老师喊道："都安静，坐下来。"洋洋没有听老师的话，还在跳，还大声向老师说："老师，我跳得好看吧。"老师大声地说："洋洋，没听到我说的话？停下来。就你跳得好，就你能。"结果，洋洋停了下来，小脸红了，委屈地坐回了小椅子上。

在儿童教育过程中，一些儿童存在着学习困难、语言障碍或感统失调，或者喜欢表现自己的现象，个别幼儿教师在教育儿童时，因为没耐心而对儿童冷嘲热讽。这样的行为严重危害了儿童的精神健康，不仅引起儿童内心世界的强烈反应，还会激起儿童的报复心理，造成师生之间的沟通渠道堵塞。同时，学前期是儿童自我意识形成的阶段，儿童的自我评价很大程度上依赖于教师的评价，教师的这种负面评价语言，会使儿童失去自信心，对儿童自信心的形成极为不利。而且儿童一旦没有自信，就会引发焦虑情绪的产生，严重者会出现心理问题。

7. 不当言语

教师的言语作为一种特有的教育性现象，在儿童的身心发展中占有极其重要的位置。为了让儿童能健康地成长，对教师的言语素质有着极高的要求。在日常教育活动中，幼儿教师有意或无意中出现的不当言语，也会对儿童的心理造成伤害。

小班幼儿苗苗在上厕所时，李老师和王老师一起走来。李老师看到苗苗，一边为苗苗整理着衣服，一边对王老师说："你看，苗苗长得多漂亮，可惜什么也学不会，像不像个'花瓶'？"苗苗用疑惑的眼神看着李老师。晚上，苗苗问妈妈什么是"花瓶"，为什么老师说她像"花瓶"。

在这个案例中，教师一句不当的话，引发了儿童的困惑，让儿童产生了不舒服的感觉。这就是由教师日常生活中不当的语言引发的。教师的不良语言，包括哀求和抱怨、讽刺和挖苦、压制和强迫、责备和呵斥，以及比较、预言和结论。

儿童教育的过程并不是教师单方面向儿童传递语言知识的过程，而是借助于交流和对话让儿童主动进行社会的、认知的知识建构以及与他人进行协商的动态过程。因此，作为对话一方的幼儿教师，其语言具有多种功能，如信息功能、表达指示功能、情感功能、美感功能、交际功能等。教师的语言可以让儿童在生活、游戏、学习中，学会交际，促进其语言发展、认知发展和情感态度的形成，帮助儿童社会化。而幼儿教师在教育过程中，有意或无意、经常性或习惯性地使用不恰当的语言，会对儿童造成不良影响。

古语云："良言一句三冬暖，恶语伤人六月寒。"幼儿教师在孩子心目中的地位和威信，决定了其语言对儿童的影响很深。幼儿教师不适宜的话语会影响儿童的身心健康发展，甚至会给儿童的一生带来负面影响。一方面，幼儿教师的不良语言，会影响儿童的自尊心和自信心，影响儿童的学习兴趣和动机，影响儿童思考、表达、判断和想象等能力的发展，影响师生之间和谐关系的建立，使儿童产生抵触情绪，在一定程度上影响了儿童人格的发展；另一方面，教师的不适宜语言会直接对儿童的语言发展、认知发展、情感态度产生消极的影响，无形中既伤害了儿童，又损害了幼儿教师在儿童心目中的形象，甚至使儿童无法对他人产生信任感，影响儿童健康心理的形成和发展。

8. 不良习惯

幼儿教师对儿童的影响，除了通过语言，甚至日常的行为举止也会对儿童的心理健康产生潜移默化的影响。教师不良的生活习惯，如穿戴怪异，染鲜艳颜色的头发，在儿童面前我行我素，拿起东西就大吃而不知礼让……这些不良的行为习惯，也会对儿童的心理造成不良影响。

深秋，北方的天气已经很冷了。中秋过后，孩子和大部分大人都穿上了秋衣、秋裤，有的甚至将羊毛衫都穿上了。一天，萱萱在上幼儿园前，对妈妈说她不穿裤子，非要穿件薄打底裤去学校不可。妈妈怎么劝也不行。后来，妈妈送萱萱时发现，原来萱萱的老师就穿着一条漂亮的裙子，下面是一件薄打底裤。

这就是幼儿教师的日常行为习惯对儿童的影响。在儿童的心目中，老师就是最好看的，老师说的话、做的事情都是对的，而且孩子们最喜欢听老师的话。3～6岁的孩子更喜欢模仿，模仿老师说话、模仿老师走路、模仿老师穿衣服等，因此，老师的日常行为习惯、穿着打扮都影响着儿童。如果老师有不良的行为习惯，可能会导致儿童纷纷效仿。如果家长制止儿童的这些行为，儿童可能由此产生叛逆心理，也可能因为发现其他的同伴都拥有了某物品而自己没有，产生自卑心理、嫉妒心理与攀比心理。因此，幼儿教师要注重自己的日常生活习惯，比如着装要大方得体、干净整洁，不要浓妆艳抹等。

知识拓展

案例观察

情景一：在活动时，孩子们都在有秩序地进行着自己的活动，而小亮在取教具时不小心把教具弄倒了。这时老师却大声地说："你怎么回事？！光会调皮捣蛋，快点收拾好！"小亮呆呆地望着老师，等老师视线转移时，他悄悄地走到活动室一角的桌边……

情景二：孩子们都在喝水，可是乐乐却捧着水杯在教室里乱跑，一下子就把要去送水杯的琪琪撞倒了，琪琪忍不住大哭起来。老师忙跑过来，对琪琪说："没关系，他不小心撞到你了。"接着老师转向乐乐，问："怎么办呢？"乐乐连忙说："对不起，我不是故意的。"琪琪擦擦眼泪就不哭了。老师帮琪琪擦干净脸，整理好衣服后，说："真漂亮。"琪琪笑了。

分析：两个儿童在遇到意外情况以后之所以有不同的心境，就因为幼儿教师的处理方式不同。而幼儿教师的处理方式，反映了幼儿教师的心理状态。良好的心理状态，可以让幼儿教师科学对待儿童，接纳儿童的情绪，引导儿童积极处理问题；不良的心理状态，使教师不能正确地对待儿童，进而导致儿童处于惊慌失措之中，最终受到挫折，形成沮丧等不良情绪。可见幼儿教师的健康心理之重要。

专题四

幼儿教师的心理健康问题、成因及应对策略

　　目前我国大力发展学前教育，在幼儿教师队伍迅速扩大、人员结构复杂化的当下，幼儿教师的心理健康状况如何，应当引起人们的关注和思考。已有研究表明，学龄前儿童的行为问题与幼儿教师的心理健康水平存在显著的正相关，即幼儿教师的心理健康状况越差，儿童的行为问题越多。因此，分析引起心理问题产生的因素，并采取措施增进和维护幼儿教师的心理健康，是保证儿童健康成长的关键。

主题1　幼儿教师常见的心理健康问题

导语

　　幼儿教师作为专业教育工作者，承担着培养合格的社会成员、延续人类社会发展的重要职责。与其他职业相比，幼儿教师职业角色是多元性的，是幼儿生活的照料者、幼儿学习的支持者，是幼儿与社会沟通的中介者。这些多元的角色给幼儿教师带来了挑战，也给他们的心理健康带来一定的问题，主要表现为职业倦怠、人际关系障碍、情绪不稳定以及人格障碍。

一、职业倦怠

　　职业倦怠是指在工作重压下，个体产生的身心疲劳与耗竭的状态。它是个体不能顺利应对工作压力时的一种极端反应，是个体在长期压力体验下产生的情感、态度和行为的消极状态。

　　幼儿教师多为女性，单调的同事关系有可能激化负面情绪。同时，幼儿教育还是一种情感性工作，工作极为细腻烦琐，教师心理压力很大。加之幼儿受伤害事故屡屡发生，使得幼儿教师这一职业成为社会和教育界关注的热点，于是大部分幼儿教师"谈伤色变"。过度劳累和对事故的担心，使得多数幼儿教师身心疲惫、焦躁不安。同时，幼儿园的环境不佳、待遇偏低，可工作量过大、缺少专业发展和自我提高的机会等因素，也导致幼儿教师产生职业倦怠。

幼儿教师一旦出现职业倦怠，就会从以下四个方面表现出来：

一是情绪消极，即教师情绪、情感处于极度疲劳状态，丧失了工作热情，无法像原来那样关心和爱护儿童。

二是非人性化表现，即教师以一种消极、否定、麻木不仁的态度和情感去对待自己和周围的人，对他人失去同情心和同理心，甚至冷嘲热讽。在对待儿童上，突出表现为给儿童贴标签、肆意贬损，甚至以冷酷或疏离的态度对待儿童，在身体和心理上疏远儿童。

三是认知枯竭，即幼儿教师无法适应社会的快速变革和知识的急剧更新，无法回答幼儿的问题，学习能力差，感受到知识上的枯竭感。

四是个人成就感降低，即幼儿教师对自己工作的意义和价值的评价下降，对自我效能的信心下降，自己对工作时常感觉到无法胜任，从而在工作中体会不到成就感，积极性丧失，不再付出努力。

职业倦怠不但影响幼儿教师的进取精神，使个人发展受阻，而且影响幼儿教师个人和儿童的身心健康。

二、人际关系障碍

幼儿园中的人际关系主要有幼儿教师与领导之间的关系、幼儿教师与幼儿教师的关系、幼儿教师与学生的关系。大多数幼儿教师能在心理互换、心理相容的基础上建立和谐的人际关系。良好的人际关系是个体心理健康的标准和外在表现，同时也是个体心理健康的重要条件之一。一般来说，幼儿教师在人际关系方面的障碍和适应不良具体表现为：

1. 自闭

不愿展示自己的真实思想、情感和需求欲望，试图掩盖一切，与世隔绝，孤僻，不合群，不想与人交往，更难以与人进行心灵的沟通。幼儿教师之间相互交往机会很少，幼儿教师群体的组合范围越来越小，组合形式越来越松散。幼儿教师间人际吸引较弱，没有很强的情感联系，相互间的关系大多表现为平平淡淡。

2. 冷漠

过于严肃和认真，对学生缺乏热情和爱心，孤芳自赏，过分追求权威，对周围的人常有厌烦、鄙视或戒备心理，"文人相轻"的遗风仍旧存在。表现为某些学识水平高的瞧不起业务能力差的，而一些业务能力不怎么样的又不买学有专长的人的账。

3. 自卑

自卑感强的人较多是性格内向、勤于反思而又敏感多疑者。他们对个人的能力和品质评价偏低，看不起自己的职业和工作，一方面缺乏信心，悲观失望，无进取心，意志消沉，喜欢独处；另一方面是自尊心极强，稍有伤害和不满，就会暴怒或自责不已。自卑的人往往胆小怕事，懦弱退缩，容易屈从他人，逆来顺受。

三、情绪不稳定

随着教育改革的不断深化，社会对幼儿教师素质的要求也在不断提高。同时，幼儿课程内容也在不断变化，变得越来越复杂，尤其是幼儿教育课程的现代化成为发展的趋势。课程目标的不断改进以及教育方法的灵活多样，需要幼儿教师不断学习新的知识、提高教学水平。一些幼儿教师因为知识水平有限，面对当下的教育内容和改革要求，感到自身原有知识水平已经不能完全胜任教学工作，从而力不从心，并由此产生如果不能更新知识、充实与提高自己，就无法胜任教学岗位的想法。这个教育改革的过程，容易使幼儿教师产生情绪不稳定的问题。具体表现为：有些幼儿教师表现为失去自信和控制感，成就动机和自我效能感降低，产生内疚感，开始自责；有些幼儿教师表现为时而感到愧疚，宣泄不良情绪；有些幼儿教师表现为莫名的忧郁、担忧，还常伴有受挫感、无助感、不安全感，在日常的教学工作中表现出长期的精神不振或疲乏，对教学工作失去兴趣，对学生漠然；有些幼儿教师表现为很容易出现精神疲劳、注意力分散、遇事烦躁等，如不能跟同事和朋友沟通，不能正确面对领导、家长以及学生的评价等方面；有些幼儿教师表现为抱怨和消极的情绪，如每位幼儿教师都希望自己的幼儿品学兼优、能力强、早成才，可是由于幼儿教师劳动时间的连续性和劳动空间的广延性，使幼儿教师的工作绩效一时半刻难以显现出来，再加上一些主客观条件的限制，教学效果总是不如人意，因此他们将自己的不良情绪及教学上的失败原因归于幼儿、家长或领导，变得易怒、好发脾气，对外界持敌视、抱怨的态度。

四、人格障碍

幼儿教师中出现人格障碍的不多，幼儿教师的人格障碍可视为幼儿教师在成长过程中所累积的心理困境，无法遵循正常渠道得以疏导的、长期形成的人格反应形态。当然，这也是个人特质、家庭养育、学校教育与社会文化背景下的产物，由内外环境紧张刺激而引发。其行为反映在师生群体中造成的不良影响是不能低估的，应引起足够的重视，给予特殊的帮助。幼儿教师中人格障碍的表现有如下几种：

1. 偏执型人格障碍

其主要特征是思想固执刻板，敏感多疑，好嫉妒，过度自我保护和警惕,过分自负,夸大自己的重要性,对他人没有信任感,心胸狭窄,缺乏幽默感等。

2. 强迫型人格障碍

强烈的自制心和自我束缚,过分追求完美而自我克制和自我关注;按部就班,注意细节、规则、表格、次序或时间表。过分严肃、认真和谨慎,常犹豫不决;墨守成规,缺乏应变;常常要求别人根据自己的思想方式和习惯行事,在与别人交往中一旦有人干扰了其生活规律就会内心充满矛盾,但又很少表现出来。

3. 暴躁型人格障碍

也是冲动型人格,其行为情绪极不稳定。表现为忍耐性差,易激怒,常因微小的精神刺激而突然爆发非常强烈的愤怒情绪和冲动行为,有短时间的暴力、谩骂和伤人毁物行为,也可能自伤,事后后悔。

知识拓展

案例观察

张某,女,38岁,幼儿园大班教师,小的时候父母对其要求比较严格。从上学到工作一直规规矩矩,对工作一贯非常认真负责。

最近听说,有个幼儿园发生幼儿在回家途中走失,该班老师受到严厉批评与惩罚的事情,于是张某总是担心、害怕自己班的幼儿被其他家长接错了,甚至走丢了,或被坏人劫持。张某在班上的时候总是考虑这件事,以致上课时不能专心,讲课时常常走神,有时甚至不知道自己讲到哪里了,然后就开始点名,反复点名。下午放学时,她总是要反复核查家长的姓名与幼儿的姓名,有时还追到幼儿园门口外面核查，有时检查几次，仍不放心。下班到家了还在想着每一个幼儿的事，进家门后，张某马上逐个给幼儿家长打电话，再给幼儿园的传达室打电话问"有没有家长来找孩子的？"每天如此。

她自己也感到疲惫不堪，教学水平下降，幼儿活动不理想，还经常向幼儿发火，情绪很暴躁，有时还表现出对幼儿的推搡行为。她自己感到很痛苦，有时虽然也明白自己的核查没有必要，可就是控制不住。

分析：案例中这位幼儿教师出现的问题，就是心理问题中的强迫行为。什么是强迫？它包括强迫行为和强迫思维两种方式，前者是指个体不由自主地采取的一些顺从性行为，如强迫检查、强迫询问、强迫洗手等。后者是指脑海中反复多次出现某一观念或概念，伴有主观的被强迫感觉和痛苦感。这两种形式都是强迫症的表现形式。

主题2　幼儿教师心理健康的影响因素

导语

　　幼儿教师不同的心理健康问题表现提示我们，影响幼儿教师心理健康的因素多种多样。这些来自内部或外部的因素，成为引发幼儿教师心理问题的导火索。幼儿教师要认清这些因素，学会科学对待，理智处理。

一、影响幼儿教师心理健康的内部因素

　　所谓内部因素，指来自个体内在的某些问题。就个体心理问题产生的原因来看，内部因素一般是指个性、人格和心理承受力等。

　　1. 个性品质

　　在现代心理学中，性格指人对现实的态度及其行为方式所表现出来的个性的心理特征。所谓态度是个人对待社会、他人、自己的一种稳定的心理倾向，包括对事物的评价、好恶和趋避等方面。态度表现在人的行为方式中，人对事物的态度不同，行为方式也就不同，从而形成人的千差万别的性格。

　　研究表明，人的性格的形成是遗传、环境和自我教育三方面因素共同作用、影响的结果。由于个体的成长大多并非一帆风顺，甚至充满了坎坷与曲折、险阻与辛酸，因此不同的个体性格千差万别。有些个体在遭受各种挫折和动荡之后，就形成了不良的性格。同时，由于

性格在很大程度上决定了个人对外界刺激的态度和反应方式，个人的行为反应又影响到自身的各种机体状态，因而它影响着个人的身心健康、活动效率及社会适应状况。

医学、心理学研究证明，人的许多疾病是面对各种强烈的社会因素引发了不同的情绪反应导致的，而这些疾病的发生与发展跟人的不良性格有关系。比如，个体一旦表现出孤僻、懦弱、敏感、多疑、固执、暴躁等不良性格，不仅给工作、学习、恋爱、社交等带来很多困难，也让精神健康处于危险之中。同时，许多精神疾病的发生也与性格上的缺陷有密切联系。因此，精神病学者把容易诱发精神病的性格称为易感性素质，就是说，有这些不良性格的人倘若再遇到精神与环境方面的刺激，很容易导致精神疾病。

正是因为如此，教育家乌申斯基曾说："只有个性才能作用于个性的形成和发展，只有性格才能养成性格。"性格过于外向的幼儿教师，遇事不加考虑，处理问题过于武断，致使心理偏激；性格过于内向的幼儿教师，不善于交往，不善于发泄，造成猜疑心重，丧失信心，总担心别人看不起自己，认为自己什么都不如别人，最后造成性格孤僻，心力交瘁。

2. 个人心理承受力

心理承受力反映了一个人控制自己情绪、承受外界压力、把握心理平衡的能力。个人的人格、气质等心理特征不同，心理承受力也不一样。一般来说，心理承受力可以划分为情绪感知能力、自我情绪调控能力、调控他人情绪的能力和运用情绪的能力这四个等级。通常情况下，个体的情绪调控水平高，其心理健康的水平也比较高。

幼儿教师在工作中，经常会产生自信与自卑、压力与困惑等诸多心理感受。不过，这些心理感受存在个体差异。乐观向上的人一般比较达观、豁达，可以看出人生的意义，知道"平淡踏实，甘居人下"才是平凡人生的真正价值。一些幼儿教师性格内向，不敢与人交流，所以无法排遣内心焦虑、孤独等负面情绪，独自承受着巨大的职业压力。长期处于这种状态下的教师经常会有急躁、紧张、不安等情绪。

同样，爱与被爱、理解与被理解、尊重与友情，这些心理需要，幼儿教师同样需要，尤其需要来自幼儿家长的这些情感回馈。因此，幼儿教师在工作中，一旦建立了良好的家园关系，就会获得成就感、自我价值感和职业幸福感。这样的家园关系，利于幼儿教师的身心健康。然而，人际冲突在家园关系中同样存在，一旦家园关系不协调，幼儿教师就会由于心理承受力差，出现情绪紧张、心情郁闷、经常处于应激状态的现象。尤其是一些家长不尊重教师的现象，更令心理承受力差的教师感到空虚无助，痛苦不堪，以至于身体不堪重负，出现许多心理问题。

3. 自身修养

自身修养指一个人按照一定社会或一定阶级的要求，经过学习、磨炼、涵养和陶冶所提高的自己的素质和能力。就幼儿教师而言，指教师个人的知识、阅历、处理事情的能力。自身素质低的教师，不善于学习，不思进取，遇到事情总是找客观原因，天长日久就形成了外归因的性格，变得自卑和孤僻，严重影响身心健康。

二、影响幼儿教师心理健康的外部因素

外部因素，指教师自身之外的因素。于幼儿教师而言，引发心理健康问题的外部因素包括过高的社会期待、过多的负面信息、过重的工作任务，以及过于复杂的人际关系。

1. 过高的社会期待

社会期待，也称社会期望，指群体根据个体的社会角色及身份，对其提出的希望。每个人都同时属于各种不同的群体，活动中都有一整套社会期待。心理学的期待效应告诉我们，大多数人所在群体都存有一种期待感，正是这种期待感，让个体承受着遭受拒绝事件引发的压力。尤其是缺乏自信心的人，面对这样的压力，会比其他人更容易感到威胁，较容易出现心理问题。

幼儿教师的职业，决定了其必然要承受着公众过多、过重的期待。这种不正确的认知基础上的期待，使他们认为，当幼儿教师很容易，付出不多能得到很大回报……殊不知幼儿教师并不轻松，每天都要完成大量的工作，要关注幼儿的餐、饮、睡、泄与安全，要负责对幼儿进行知识、技能、规范的教育与指导；要考虑班级内部环境的创设，要及时处理幼儿在活动中出现的各种问题；要了解每个幼儿的特点，要按照本班幼儿的具体情况制订教学工作计划，而且要门门精通，样样拿得出手……总之，要做好这个别人眼里的"孩子王"，并非易事。加之家长将家庭的希望也寄托在幼儿教师身上，教育改革也不断对幼儿教师提出更多新的要求和期望，导致幼儿教师不断面临新的挑战，进而承受着越来越大的压力，甚至导致有的幼儿教师产生心理问题和心理疾病。

2. 过多的负面信息

随着社会对幼儿教育的关注度越来越高，社会各界对幼儿教师的关注度也与日俱增。于是有关幼儿的哪怕是些微小事，也会引发媒体和公众的关注，更何况是一些关乎幼儿安全的大事。于是，伴随着对幼教事业的关心和爱护，幼儿教育当中的一些问题被无限放大。这些被放大的问题背后，无不存在与幼儿相伴的幼儿教师身影。结果社会媒体就抓住了幼儿教师的言谈举止进行评判。而媒体极高的传播效率，让幼儿教师时时处于人们的关注和评判之中，处于风口浪尖。为此，相当多的幼儿园为了避免幼儿教师虐待幼儿或幼儿发生危险，于是安装了监控，强化了对幼儿教师的监督。这样的做法使得幼儿教师的一言一行无处可遁，只要出现不恰当的行为举止，媒体就对其进行大肆报道。更有那些为了吸引流量的不良媒体，甚至刻意传播关于幼儿教师虐待幼儿的视频或信息等，从而给幼儿教师造成巨大的心理负担，对幼儿教师的形象带来了很大的负面影响。

很多人看不到幼儿教师中的大部分人在尽心尽力地完成自己的本职工作，媒体更是极少报道这些默默奉献的幼儿教师。这种不公平的对待，给幼儿教师带来较大的心理负担，不可避免地对个别幼儿教师的身心健康造成一定的损害。

3. 过重的工作任务

当前，伴随着社会经济的发展，幼儿教师的经济收入获得了一定的提升，然而与其工作任务繁重、责任又大的特点相比，其收入和待遇的"性价比"并不高。

幼儿教师每天要完成大量的工作。首先，为了教学，他们要完成备课、设计活动等案头工作。据统计，平均每位幼儿教师每个学期的案头工作都有十六七种，主要包括教案、个案、摘抄、计划、观察记录、随笔、会议记录、科研、工作总结、家园联系、报告请示、演讲稿、各种教具等。这些工作都是幼儿教师在休息时间来完成的，这就导致幼儿教师工作时间长、工作负担过重。

除此之外，幼儿教师还要学习相关的知识与理论，要制作教具、玩具，以辅助教学，这些学习新知识的时间和自由创作的时间，同样挤占了幼儿教师的休息时间。一项调查表明，幼儿教师平均每周用在案头工作的时间都在10个小时以上，且有58.25%的幼儿教师经常在家做幼儿园的工作。有的幼儿园还频频地开活动课、比赛，这也需要花费幼儿教师大量的时间和精力准备。幼儿教师很少有放松的时间，长期处于紧张的状态中，精神压力大到难以想象。

正是来自多方面的任务，让这个他人眼中的"孩子王"在物欲横流的社会里，承受着极大的心理冲击，精神时刻处在高度紧绷的状态，增加了他们心理健康问题发生的可能性。

4. 过于复杂的人际关系

幼儿教师是社会人，同样要处理各种各样的社会关系。他们要帮助幼儿处理好同伴关系，要处理好教师与幼儿的关系、幼儿教师之间的关系，还要处理好与家长的关系。这些复杂的人际关系，同样给幼儿教师造成了心理问题发生的机会。

须知，幼儿教师在幼儿园里每天要面对几十个孩子，这些在父母眼中都是最棒的孩子，但也有个别幼儿或精灵古怪，或蛮横霸道，或攻击性强。然而，家长的舐犊之情使他们在孩子犯错误、与同伴发生纠纷时，总是一厢情愿地看待问题，而不能以客观的态度处理纠纷，最终幼儿教师成了替罪羊、出气筒，被家长责难、告状。这样的人际关系，让幼儿教师心烦不已。

心理学上所谓的"男女搭配，工作不累"的作用，在幼儿教育工作中是无法看到的。当前，99%的幼儿教师都是女教师，这种性别过于单一的现象导致幼儿教师工作缺乏激情。同时，女性本身的敏感、争强好胜、嫉妒心强等特质，又让同事之间的关系处理起来相当复杂，更给幼儿教师带来人际关系的压力。

种种压力叠加在一起，让幼儿教师承受着巨大的考验，精神高度紧张，一不小心就会引发心理健康问题。

5. 职业成就与劳动付出失衡

个体对所做的工作越有价值感，就越有兴趣；反之，则会产生厌烦情绪。在幼儿教育改革的冲击下，不少教师认为自己的工作太累，每天的工作时间远远超过8小时，有些人甚至达到12小时。他们心理压力太大，生怕由于疏忽发生安全事故，造成一些无可挽回的损失。同时，不断提高的教学要求往往令其"疲于奔命"。而幼儿的成长和教育又非一日之功，所谓"十年树木，百年树人"，劳动付出不能立竿见影，使其心理承受能力降低，对其心理会带来明显的消极影响。

一天，刚工作不久的小王老师神色紧张地跑进园长室："园长，小刚玩转椅时摔倒了，膝盖一直流着血。"园长问："孩子呢？""我把他送到医务室去了。""走，我和你去看看。"园长向医务室边走边问："孩子怎么摔的？""他跑得慢，还非要玩转椅。我让他别玩转椅，玩其他的器械，可我刚一离开，他就又去玩转椅了，结果摔了。"说着说着，小王的眼泪已经流下来了。

知识拓展

案例观察

在某幼儿园，一个男童早上来园时带了一把气枪，悄悄藏在幼儿园内一个宣传栏后边。上午课外活动时，他偷偷拿出来与另一个男童躲在栏后玩时，结果打中了对方的左眼。霎时间，来自各方的对老师的批评、指责、惩罚铺天盖地。委屈、自责的老师白天上课，晚上去医院陪护。这位老师回家不敢说，怕给家庭蒙上一层阴影；在单位不敢言，怕传到领导耳中。终于，这位老师病倒了，从此，灿烂的笑容不见了。为了避免事故的再次发生，这位老师整天提心吊胆，力求做到万无一失。有时孩子们大声说话，她都吓得惊慌失色。

分析：这个案例中，这位老师表现出来的问题就是焦虑。焦虑，通称焦虑状态或焦虑反应，是面临威胁时表现出的一种情绪反应。它是人对现实或未来事物的价值特性出现严重恶化趋势所产生的情感反应，是在知觉到危险后产生的无方向的唤醒状态。焦虑是一种比较常见的情绪障碍，是对即将面临或预期可能出现的问题或痛楚所产生的悲伤、忧虑及不安等交织而成的复杂情绪状态。为此，幼儿教师要认识到自身焦虑出现的原因，不要过分担心工作是否得到认可，要让自己在工作中保持平和的心态，要保持乐观的生活态度和良好的生活习惯。而要做到这些，幼儿教师就要对自己有客观的认识，要学会自我接纳、自我肯定；要适当休息，保持充沛的精力；要养成运动的好习惯；还要在压力面前，学会冷静分析，了解压力所带来的最佳和最坏影响，做好相应的准备；等等。

主题3　幼儿教师心理健康水平的提升策略

导语

　　具有积极健康的人格特征是幼儿教师基本素质中至关重要的方面，也是儿童教育顺利开展的重要保障。在明确幼儿教师心理健康问题的表现后，还要清楚造成幼儿教师心理健康问题的原因。幼儿教师要警醒自己，主动科学地提高心理健康水平。

一、社会要为其提供有力的社会支持

　　当前国家重视学前教育，幼儿教师的个人发展也迎来了大好时机，但这也需要一个过程，提高幼儿教师职业的社会地位需要全社会幼儿共同参与完成，使全社会形成尊重幼儿教师、支持幼儿教师的倾向与心理氛围。社会在对于幼儿教师提出各种各样的要求的同时也应该关心教师的切身利益，提高幼儿教师的社会地位与经济地位。政府在制定有关教育政策时，应该注意政策倾斜，切实保障幼儿教师的经济地位与职业声誉，因为幼儿教师职业的社会地位，由它的经济地位与职业声誉所决定，会对幼儿教师的工作情绪产生重大影响。政府不仅要制定政策与法律来保障教师的各种权利，而且还要抓落实，使全社会都形成一种尊重教师的氛围。

　　例如，提高教师的工资收入，建立健全新的人事制度，为教师的晋级、晋职提供便利；在住房、子女读书就业等生活方面要多关心照顾教师；等等。这样教师才能更加安心工作，以饱满的热情投入到教育工作之中。

二、幼儿园要为其提供有力的帮助

民主、开放、和谐的工作环境将对教师产生积极的激励作用，幼儿园应该建立一种公平合理的具有激励机制的制度，如教学管理制度、经济效益制度等，使教师在竞争上岗、晋升职务、评审职称、进修深造、工资福利待遇等方面能够获得公正的对待，一视同仁。幼儿园的领导应具有一种民主的领导风格，关心尊重教师，给予教师更多的教学自主权，提供更多的参与幼儿园管理的机会，增强责任感。运用科学的方法管理幼儿园，努力建立一套现代化的民主管理制度，适当使用经济奖励、荣誉奖励、感情投资、榜样作用等手段，调动广大教师的工作热情，激发教师的内驱力，产生团队意识，形成集体归属感。当教师圆满完成工作目标、取得成绩时，应该给予经济奖励，并且授予荣誉，肯定成绩，以此产生激励与示范作用。当教师工作、经济、家庭等方面遇到困难时，幼儿园应该伸出援助之手，使教师无后顾之忧，能够安心工作。幼儿园应经常性地举行一些活动，如文体活动、参观研讨活动、学术交流活动等，这些活动能够激发教师的工作热情，增加归属感，并且形成一种和谐的环境。

三、幼儿教师要注意自我调节

具体来说，要注意以下几点：

一是保持良好的心态。人的一生中总会遇到困难，遭受挫折，教师也不例外。教师遭受挫折时不要失去信心，应该理性地分析所遇到的困难，实事求是，一分为二地看问题，找出解决问题的方法与途径，在困境中看到"道路是曲折的，前途是光明的"，培养开朗豁达的性格，对于身心与工作都有益处。

二是积极参加文体活动，增强信心与勇气。经常进行健康有益的文体活动不仅能够增强体质，而且可以释放压力，保持开朗愉快的心境。

三是增强社交适应能力，发展人际关系。卡耐基说过，人际关系在一个人成功的因素中占85%，这充分说明人际关系相当重要。幼儿教师应该积极地进行社会交往，参加学校以及社会的集体活动，与同事及朋友保持正常的社会交往，增进彼此之间的友谊，来满足彼此之间的心理需要。以宽容之心待人，以诚信待人，才能受人欢迎。通过与人的交往培养良好的社交能力，建立和谐的人际关系。

四是培养更多的爱好与兴趣，品味生活。一个人工作压力越大就越应该培养更多的爱好与兴趣，比如听音乐、收集邮票、郊游、游泳、看电影等，通过欣赏艺术、拥抱大自然使自己抑郁的心情变得"豁然开朗"。

知识拓展

缓解压力的小秘诀

1. 换位思考认同

正确认知压力，灵活调整自己的心态。例如，当你遇到不公平的生活事件或不协调的人际关系以及不愉快的情感体验时能换位思考。

2. 转换思维

有时，面对压力的时候，我们换个角度，转换思维，想法就会完全不同。

3. 放松训练

当压力事件出现时，人就会紧张不安，压力体验增强。放松是减缓压力的有效方法，它能够使人的身体和心理由紧张状态转向松弛状态。

4. 入静冥想

即在全身放松的情况下借助想象的方式让精神得以放松的方法。一般应在饭后或睡前进行，或坐或卧，展开你想象的翅膀，遐想种种美好或理想的场景，一般冥想在20分钟即可。

专题五

儿童常见的心理健康问题辅导

在儿童成长的过程中，其心理和行为有可能偏离常态，表现出不同程度的异常心理与问题行为。有些可能较轻，只是"成长中的烦恼"，经过暂时的支持性咨询与帮助，很快能回到健康发展的轨道上来；但也有个别儿童的问题较严重，属于临床诊断的心理与行为障碍。教师要学会从心理发展特征的角度去分析和初步鉴别儿童中出现的异常心理和问题行为，并能掌握一些特定的治疗方法与技术来辅导与帮助他们。通过这些知识和技术，幼儿教师将成为儿童问题的"心理咨询师"。

主题1 儿童常见的心理健康问题的种类与症状

导语

儿童常见的健康问题，因年龄阶段不同而表现各异。年龄较小的幼儿普遍缺乏安全感，而学龄前的儿童则更多地表现出各种各样的负面情绪和异常行为。总体上讲，主要有行为障碍、情绪障碍、发展障碍和神经功能障碍。

一、行为障碍

行为障碍是指儿童发展进程中表现出与年龄、社会规范和要求不符的各种行为，这些行为会对儿童的学习、人际关系、社会适应性产生明显的负面影响。

1. 多动障碍

明明，6岁，从小好动，在家爬上爬下、跑来跑去，一刻也停不下来。他喜欢去招惹别的孩子，容易和其他孩子发生冲突，做事难以坚持。老师反映，明明坐不住，不超过两分钟准窜到其他座位上，专注的时间很短，注意力容易转移。他还特别喜欢插话，排队等候对他来说是一件很困难的事，同班其他孩子渐渐地不愿意跟他玩。明明母亲非常担心，如果明明这样进入小学，更难以适应，她多次与老师沟通。老师提醒明明的母亲，孩子的问题可能是儿童多动症。

儿童多动症是"儿童注意缺陷多动障碍"的简称，它是指智力正常或接近正常，在儿童时期，表现出注意力明显不能集中，不分场合地过度活动、情绪冲动并伴有认知障碍和学习困难的一种综合征。

儿童多动障碍是最常见的儿童心理行为疾病，一般在6岁前发病，7岁前表现出来，6～10岁为发病的高峰期。男孩多于女孩，发病率20%以上。据统计，我国学龄儿童患病人数约在2000万人以上，并且有逐年上升的趋势。其主要症状为：注意缺陷、多动、冲动，表现为活动过多、注意力不集中、冲动、任性、学习困难和有问题行为。

特别要注意的是，对学龄前儿童的多动障碍，要和好奇心强、爱表现、活跃、粗心、急躁的个性特点与行为习惯区分开来，不能轻易冠以儿童多动症这一标签。因此，在诊断前必须对儿童进行全面的评估，包括成长发展史、父母和教师的报告、行为观察与量表检测。儿童多动障碍还要符合以下五点：（1）7岁之前出现；（2）经常发生，而且比同龄、同性别的其他儿童严重得多；（3）是一个持续的问题（至少持续6个月以上）；（4）在多个情境中发生，不止是发生在一个地方（家里或学校）；（5）明显导致儿童的社交或者学习出现障碍。

虽然儿童多动障碍确诊要到学龄期，但实际上这些孩子在婴幼儿阶段就有相关表现，比如，婴儿时期非常好动、过分敏感或过分迟钝、易怒、睡眠无规律、喂养困难等，但有这些特点的儿童并非都会发展成多动障碍。随着年龄的增长，如果3～4岁的儿童出现"多动——冲动"症状，并且出现对抗性和攻击性行为，很可能发展成为多动障碍。5～7岁被判断为多动障碍的儿童，很多会在青春期更加严重，引发许多不良表现。到了成年期，患儿的多动行为可能得到一些改善，但注意力依旧不能集中，冲动仍然无法控制，所以容易出现各种问题，比如，成人后离婚率高，家庭暴力、抽烟、饮酒、吸毒的发生率高。可以说，就目前的科研成果而言，儿童多动障碍的危害是伴随患儿终生的。因此，这一障碍也成为儿童异常心理与问题行为方面研究最多的课题。

幼儿教师在日常教育中很容易发现某些儿童具有多动倾向，务必及时提醒家长进行关注，给予适当的干预与矫治。

2. 品行问题

5岁的闹闹吃饭时大喊大叫，被妈妈带到墙边站了一会儿。回到餐桌的他一坐下就开始用力摇晃椅子，妈妈想再次拉闹闹去墙边，这次闹闹拽着桌子腿不放。于是妈妈饭后取消闹闹看动画片的时间，闹闹一听立刻拿起桌上的两把不锈钢勺扔向妈妈，妈妈躲闪不及，被其中一把击中额角，流血了。妈妈气急败坏，大喊："小疯子，等你爸爸回来收拾你！"其实，闹闹因为多次在幼儿园里恶作剧、攻击其他孩子或违抗妈妈，已经常被爸爸打了几次。之后，他在妈妈面前或爸爸不在家时依然如故。闹闹的父母非常担心，闹闹以后会变成什么样，但除了惩罚似乎没有什么更好的办法。

品行问题可以分为对立违抗性障碍和品行障碍。对立违抗性障碍通常在6岁左右出现，儿童表现出与年龄不相符的固执、敌意和挑衅行为，如经常发脾气、和成人争吵、对抗规则、故意激怒他人、易怒等。品行障碍通常在9岁左右出现，儿童表现出重复、持久、严重的攻击性和反社会行为模式，如攻击他人和动物、破坏财物、欺骗或偷窃财物、13岁前经常离家出走或逃学等。关于两者的关系，一直有争议。现在较多的观点是，对立违抗性障碍是一种极端的发展异常行为，但并不是更严重的品行障碍的必然前提。40%品行障碍的儿童在成年后会有反社会人格障碍，即反社会行为会成为一种稳定的人格特征表现出来。

儿童的品行问题受到长期关注，这些行为与态度违背家庭期望、社会规范，而且对社会可能造成极大伤害，一般包括反社会性、攻击性或对抗性行为。他们早期常常表现为偷钱、说谎、爱挑衅、骂人、打人、离家出走等，上学后可出现逃学、旷课、违规违纪、破坏公物等，严重的会有打架斗殴、行凶放火、夺取钱物、虐待动物或欺辱弱小同伴、习惯性地吸烟或酗酒、染上毒品等。随着年龄的增长，还会出现男女之间性乱等不良行为。培养幼儿的亲社会行为有助于缓解儿童的品行问题，但这类幼儿多成长于一个特别不幸的家庭，周围的生活环境也不利，单靠教师的一己之力难以很好地帮助这类幼儿。

有品行问题的儿童还易伴有注意缺陷多动障碍或抑郁焦虑情绪。幼儿阶段，主要关注的是对立违抗性障碍，其发生率占同龄儿童的6%～12%。尽管这一障碍的形成是生物性和社会性因素交互作用的结果，但从心理教育的角度更注重的是早期干预及持续性干预，并对父母进行管理训练，通过他们教给儿童解决问题的技巧。

3. 幼儿期逆反

3～6岁这个阶段，随着年龄的增长，儿童的自我意识快速发展，主观能动性也越来越强。儿童对事物渐渐有了自己思想，词汇也日渐丰富，能表达自己的见解，对成人的要求及各方面的安排能进行选择。儿童对成人的要求、安排、训斥、惩罚等常表现出执拗、任性、逆向而行，这就是幼儿期逆反。

大多数幼儿期逆反，并非真正的"行为问题"，恰恰是儿童自我觉醒、要求独立的表现，是形成独立性的良好心理准备条件。在3岁左右，儿童心理发展处于自我中心时期，即开始明确地意识到"我"是一个与其他人相独立的人，"我"的愿望和要求可以经过自己的坚持而达到，于是表现出要求独立的愿望，这是儿童独立性开始发展的重要标志。

但在现实生活中，也有一些儿童的逆反大大超过了正常的尺度，这就不仅仅是独立性发展而带来的正常逆反。有些逆反可能是由成人的教育方式导致的，例如专横式的教育方式使儿童感到压抑，儿童便以逆反方式表示不满；再如父母的过分唠叨，也容易使儿童产生逆反心理。

二、情绪障碍

大量研究证明，情绪对儿童生活和发展的影响重大。与儿童情绪密切相关的儿童异常心理与问题行为，程度轻重不一，轻者为一般性情绪问题，较严重时发展成为情绪障碍。情绪障碍是以焦虑、抑郁、恐惧等消极情绪为主要临床表现的一组常见的心理障碍。患情绪障碍的儿童比例占各类儿童心理精神障碍的第二位，仅次于多动障碍，应引起人们的关注。主要有以下几个方面：

1. 分离性焦虑

小茹，女，3岁，入园已有一个月时间，但每天去幼儿园时都哭闹："我不要去幼儿园。"到幼儿园以后，小茹也整天眼泪汪汪地盼着妈妈来接她。她不愿和小朋友玩，喜欢独自走开玩玩具或看书。不肯自己吃饭，要老师喂，不睡觉，甚至还出现反复做噩梦等现象。

分离性焦虑是指儿童因为与其亲人及最喜欢的事物分离而引起的一种焦虑障碍。较小的儿童通常会比较大的儿童体验到更多的焦虑情绪，主要是与亲密抚养者分离的焦虑。分离性焦虑对于儿童的生存至关重要，从7个月到学龄前，大部分儿童在与父母或其他亲密的人分开时都会焦躁不安，但并不一定是分离性焦虑症。在0～6岁这个阶段，如果缺乏分离性焦虑反而可能意味着孩子存在不安全依恋或其他问题，但过度的分离性焦虑也反映出父母对孩子的关注过度。

有分离性焦虑的儿童，会害怕新的环境，或者有述说身体不适的情况发生。为了避免分离，他们会焦躁、哭泣、尖叫，甚至自伤，或者述说肚子疼、头疼等。他们同父母在家的时候或者被父母带出门的时候，表现出寸步不离父母、不愿一个人待在房间里、晚上一定要和父母睡，等等。

分离性焦虑经常是在儿童体验一些生活的压力事件后出现，如更换抚养人、搬家或更换住所、第一次去幼儿园或更换幼儿园、家庭出现变故等。那些敏感气质类型的儿童受压力事件影响，更易反复出现分离性焦虑。因此，幼儿期的分离性焦虑须引起家长和幼儿教师的高度重视。

2. 广泛性焦虑

儿童广泛性焦虑是一种以焦虑不安为主要临床症状的情绪障碍，除了焦虑之外，常出现恐惧、害怕、强迫性行为等。这种焦虑或恐惧往往没有明确的指向，儿童总是担忧会有不好的事情发生，所以惶惶不可终日。有些担忧是儿童正常发展的一部分，如担心下雨了，妈妈不能及时来幼儿园接自己回家；妈妈生病了，不舒服，陪着妈妈掉眼泪——这是正常的依恋情感和移情能力的表现。只有当一个孩子在一天的大部分时间都对很多事情和活动有着不能自控的过度焦虑和担心，并且在没有任何预兆的情况下，总是过度紧张担心，才考虑是广泛性焦虑。这种焦虑往往是无法缓解的，有时还伴有肌肉紧张、头疼恶心、易怒、入睡困难、精神不振等症状。有广泛性焦虑的儿童很容易从一个故事、一部电影、一本书里找到恐惧事件，并与自己相联系。如果从电视里看到车祸的报道，他们可能也会开始担心自己发生车祸。他们往往低估自己的应对能力，总是期待最糟的结果，似乎不知道那些事情发生的可能性其实很小。有广泛性焦虑的儿童经常想"如果……怎么办"这一类的问题。他们还非常担心日常生活中很小的事情，如要穿什么衣服、会不会下雨，甚至变成了一种强迫性的问题与思考。

广泛性焦虑通常是生物学因素和环境因素相互作用的结果。比如，气质类型是抑郁质的，是产生焦虑障碍的高危因素。儿童的焦虑也和父母的养育方式有关，比如，过度控制、过度保护、拒绝以及父母自身的焦虑行为等。幼儿教师面对有广泛性焦虑的儿童时要更加耐心，对其家长的焦虑情绪也应加以关注，并提醒家长调整养育方式。儿童有广泛性焦虑的，通常宜让家庭成员给予更多的关注，比如，事先告知一些事项的特点与进程，或者宽慰孩子内心，也可想一些办法来转移孩子的关注点。

3. 儿童抑郁

抑郁是一种不快乐的弥散性心境，相比正常情况下的悲伤、不高兴、忧郁或情绪的起伏，这种状态其实严重得多。一方面是这种抑郁心境令人难以摆脱，干扰了儿童的日常生活、人际交往、学业成就；另一方面是抑郁的同时还伴有焦虑障碍或品行问题，如有的抑郁会表现为独自抽泣，有的则表现出沮丧、易怒或发脾气。

不同年龄的儿童表达和体现抑郁的方式不同，婴儿可能会通过被动或无反应来表达悲伤，学龄前儿童可能表现出退缩与抑制，学龄儿童则可能是爱争论和好斗。7岁以下儿童的抑郁状况很分散，难以鉴别，但正是这些不明显的症状将来可能发展为儿童期和青春期的抑郁症。如果某些儿童不像大部分其他学前儿童一样活泼热情，有生命力，经常表现出极端郁闷和泪流满面，过度依赖母亲或其他抚养者，害怕分离，莫名其妙地发火，甚至出现消极和自我破坏性语言，家长和教师有必要重视起来。这可能不是一种多数人都体验过的、由事件引发的、暂时性的抑郁症状，而更有可能是一种合并有抑郁、焦虑、问题行为等的抑郁综合征或符合诊断标准的抑郁性情感障碍。

由于抑郁儿童会有学业成就、自我感知、自尊、人际沟通方面的困扰，如自卑、孤立、自我封闭、社会退缩等，幼儿教师可以从培养积极的自我概念、树立自信方面进行个别辅导和团体辅导，促进儿童对自我的正确认识与接纳。

三、发展障碍

发展障碍主要是指智能、语言、动作、人际等领域发展滞后的一类发育性障碍，有明显的脑器质性原因或不明显的脑功能损伤。

1. 儿童自闭症

儿童自闭症，又称儿童孤独症，是广泛性发育障碍的亚型。全球约每20分钟就有一个孩子被诊断为自闭症。其共同特征是社会交往障碍、语言交流障碍、兴趣狭隘和重复刻板的行为，其核心问题是社会交往障碍。

（1）社会交往障碍。此类儿童不爱好外界事物，不大察觉别人的存在，与人缺乏眼神对视，不会分享共同的乐趣，缺乏社会交往方面的兴趣和反应。此外，此类儿童的想象力也较弱，极少通过玩具进行象征性的游戏活动。

（2）语言交流障碍。此类儿童语言发育迟缓，并伴有特殊形式的语言障碍。口语发育延迟或不会使用语言表达，也不会用手势、模仿等方式与他人沟通。另外，他们的语言理解能力也明显受损，常常听不懂指令，不会表达自己的需要和感受，对别人的话也缺乏反应。

（3）兴趣狭隘和重复刻板的行为。此类儿童兴趣受限，会极度专注于某些物件，或因对特定外形的物体特别喜好而一直专注着。他们会坚持某些常规或仪式性的动作，拒绝改变重复刻板的动作或姿势，否则会出现明显的烦躁和不安。

另外，自闭症儿童还具有情绪障碍，表现为情绪变化大，经常大怒，或攻击、自伤。

对于自闭症病因的解释暂无定论，但已否定了早期认为的父母冷酷乏爱和"冰箱母亲"这一观点。现在一般认为自闭症是一种由多种原因导致的、有生物学基础的神经发展性障碍，与基因有关，也有可能是脑发育中有某些脑功能损伤，还有可能是母亲孕期遭遇风险性因素。由于自闭症儿童行为表现的特殊性，在进入幼儿园时很容易被鉴别出来，但如何使自闭症儿童融入普通群体，则需要更多的专业辅助技能。同时也需要对家长给予支持，帮助他们调适期望、降低焦虑。

2. 智力落后

智力落后的学术名称叫精神发育迟滞，是指个体低于平均水平的智力功能和低于平均水平的适应能力。《美国精神疾病诊断统计手册（第四版）》，基于智商分数提出了智力落后的四个层次。

第一，轻度智力落后（$55<IQ<70$），约占全部智力落后者的85%。在学龄前基本可以正常发展社会和交流技能，基本能完成整个小学6年的学业，成年后一般能工作，独立生活，可能要少量的支持。

第二，中度智力落后（$40<IQ<54$），约占全部智力落后者的10%，

在幼儿园里一般都能鉴别出来，进入小学后，可运用简单字句和手势来交流，生活自理与动作技能相当于两三岁儿童，学业成就很难超过小学二年级水平，但经过教育与培训，社会性技能与职业技能可以有较大提高。成年后，在监管下能在庇护性工厂或普通工厂内，做一些技术含量不高的工作，如简单的缝纫、穿制手链。

第三，重度智力落后(25<IQ<39)，占智力落后的3%~4%，通常由器质性损伤造成，还可能伴有心脏、呼吸、代谢、动作等其他问题，自我照料的能力在9岁后通过训练才能获得，到了成年可以理解或表达部分与生存有关的词汇，终身需要辅助，但可以适应社区生活。

第四，极重度智力落后（20<IQ<24），占1%~2%。出生不久就能鉴别出来，他们只能掌握最基本的沟通技能，需要终生照料和辅助。器质性损伤可能导致他们提前死亡。如能在较好的养护机构，经过持续适当地训练，可以完成一些简单任务，如洗手、独立吃饭。

3. 语言与沟通障碍

语言与沟通障碍是指在语言表达、口语交流和理解他人说话方面的障碍。比较典型的两类亚型是语言表达障碍和口吃。单纯的语言表达障碍是能听懂，但表达上存在缺陷，儿童并不存在智力落后或广泛性发育障碍。语言表达障碍的儿童通常开口说话较晚，言语发展慢，能使用的词汇有限、语法结构简单，有可能会在进入小学后影响其学业成就，需要进行适当的语言治疗。口吃是重复或拖长某些音节的发音，以致影响沟通。大多数儿童随年龄的增长可以自发性地克服口吃，所以是否需要语言治疗是个尴尬的问题，一般情况下如果口吃过于严重，以致对说话产生焦虑，建议进行慢慢说、用简短句说、减少压力等训练。

4. 学习障碍

学习障碍是指幼儿在阅读、书写或数学等方面的成绩显著低于该阶段儿童的智力水平和受教育程度等。由于对学龄前儿童学业要求较低，学习障碍不容易被发现，通常是在六七岁后。数字反写、漏字出格、拼写错误称为书写障碍；阅读不流畅、不理解文意称为阅读障碍；数学推理与数学计算出现非粗心的认知加工错误，称为数学障碍。这三类学习障碍在整个人群中的发生率为2%～10%。研究发现，这跟大脑传递或聚集不同信息的联络区皮层有轻微的损伤有关，但学习障碍者并没有智力损伤，所以可以在其他领域弥补其不足，如用计算机辅助教学技术来帮助他们克服障碍，给予个别化直接指导，放大原有的优点。学习障碍者仍然有可能在其擅长的领域有较大的成就。

四、神经功能障碍

儿童的神经功能障碍是指那些与儿童生理有关的健康问题，并不是典型的心理健康障碍，但可能伴随一些心理层面的消极体验，并有前面所述的某些行为、情绪、发展障碍的伴随问题。

1. 睡眠障碍

睡眠障碍是指与同龄儿童正常睡眠状况不同的紊乱、延迟、减少或过度等。睡眠障碍可能引发其他心理问题，也可能由其他障碍或状况导致，其实质是脑的觉醒与抑制状态的失衡。睡眠在个体发育进程中起着重建平衡的关键作用，睡眠障碍往往与多动障碍、抑郁与焦虑、自闭症、品行问题同时发生，因此是儿童异常心理学中的重要探讨对象。

儿童的睡眠障碍分为睡眠失调和睡眠异常。睡眠失调是指入睡或维持睡眠方面的障碍，如睡眠时间太短或太长、难以入睡、醒后精神不振。睡眠异常是指睡眠时出现行为或生理方面的异常现象，如梦游、梦魇、梦惊。睡眠失调是童年期常见的睡眠障碍，会随着儿童年龄的增长自行好转，但需要父母根据孩子的生理特点进行合理的睡眠安排与适度的睡眠要求，如给予睡前的关心，而不是匆忙离去。对睡眠异常者应先排除脑部疾病，若无生理性疾病一般并不需要治疗，但要了解是否有应激源，才能进行心理疏导和放松。

2. 进食障碍

婴幼儿时期的进食障碍主要有不良的进食习惯、喂食困难和偏食或挑食。不良的进食习惯可能与孩子的咀嚼功能不良有关，如含食，可以多吃些有硬度的食物；或是一种拖延行为，家长可以制定合理的进餐时间，进行行为管理。喂食困难，要考虑孩子是否有胃肠道功能问题或吞咽问题，难养型的婴儿也容易出现喂食困难。偏食或挑食，可以通过替代性食物来保证孩子的营养均衡，对于大一些的幼儿，则可以运用认知—行为训练来帮助孩子改变这一问题。儿童期的进食障碍结果主要是肥胖症，现在越来越多的幼儿加入到肥胖行列，合理均衡的膳食、适度的运动是最好的解决办法。

3. 排泄障碍

排泄障碍包括两类：遗尿症与遗粪症。幼儿在形成自主排泄行为的正常年龄如不能控制其排泄行为，排除生理上的因素，如括约肌发育不良，就可能是出现了排泄障碍。通常会随着年龄的增长自行好转，但因遗尿或遗粪带来的家长责骂、他人讥笑会让儿童愧疚、紧张。可以通过行为训练来促其改善，并创造包容的心理环境。

知识拓展

儿童心理行为问题的预防

预防儿童心理行为问题有3个关键因素：

一是培养儿童的自尊、社会性和自主性。

二是创造温馨和谐的学校氛围和家庭氛围，教养态度一致。

三是建立鼓励儿童个人竞争技巧发展的社会支持系统。家庭和幼儿园协调教育方法，统一教育要求，是促进儿童心理健康的重要保障。

主题2　儿童常见的心理健康问题的辅导原则和方法

导语

　　儿童常见的心理健康问题，少数可能随年龄的增长有好转或自愈，绝大多数都需要给予辅导或治疗，帮助他们改善。对儿童常见的心理健康问题进行辅导需要遵循一些基本原则与方法。

一、基本原则

对儿童常见的心理健康问题进行辅导，需要遵循以下原则：

1. 教育性

在儿童教育中，基于对儿童的正向品质与个性的培养，儿童常见的心理健康问题辅导首先要遵循教育性原则，通过儿童个别与团体心理辅导和心理健康教育活动的形式，一方面要教导儿童形成正确的行为规范、养成良好的行为习惯；另一方面要更新家长的育儿观，实施科学教养，如对智力落后、言语沟通障碍、学习障碍的儿童，辅导重点主要在个别化教育。

2. 发展性

毕生发展心理学认为，个体从受精卵到孕育、出生、成长、成熟、衰老直至死亡的全程是一个发展的过程。儿童的发展包括生理与心理发展、认知发展、情绪发展和社会性发展，儿童常见的心理健康问题辅导的目的是帮助儿童尽可能回到正常发展的轨道上，包括指导家长掌握儿童心理发展知识，优化儿童成长发展的环境。出现心理健康问题的儿童，在发展方面多数是正常的，只有少部分出现落后或异常状况，进行辅导时不能只着眼于矫正问题，而应以促进正常发展为根本目的。

3. 预防性

儿童出现的某些心理健康问题，在婴幼儿这一阶段，通常相对较轻，如分离性焦虑、特定恐惧、对立违抗性行为，及时干预后，可以预防在童年或青少年时期出现更严重的障碍。心理干预有三个层面：第一个层面是心理辅导，重点是培养正确行为，并对一般性心理问题或偏差行为进行辅导、教育，重在预防；第二个层面是心理咨询，重点是对一般性或严重的心理问题及神经症类的问题进行咨询辅导，重在矫正；第三个层面是心理治疗，重点是对神经症、人格障碍、情感性精神障碍等重度精神障碍进行治疗，包括住院、用药等。幼儿异常心理与问题行为辅导主要是针对第一个层面来开展的。

4. 协调性

儿童出现心理健康问题，既可能与生物学因素有关，也可能与环境因素有关。在进行辅导时，有必要进行全面的原因分析，协调各种内外因素，多方面着手提出辅导方案。如有多动障碍的儿童，其多动—冲动的行为问题，首先是因为大脑额叶皮层兴奋度过低、自主控制能力差或执行功能紊乱，在这一生物性因素之外，家长、教师过度干涉、排斥等不当的教养方式则可能导致多动—冲动行为的加剧，故辅导时须协调各种影响因素，确定多角度的干预方案。

5. 整体性

儿童的心理健康问题和其情绪、行为、智力、沟通、社会交往、生理等方面有关联，往往一种障碍出现的同时还伴有其他相关障碍的症状特征。如有焦虑障碍的儿童可能同时伴有抑郁的情绪，有多动障碍的儿童可能发展出对立违抗行为，有排泄障碍的儿童容易形成自卑的个性，智力落后和有自闭症的儿童很多伴有攻击性行为和情绪障碍。因此，在进行辅导时有必要把握个体发展的各个方面，促进儿童在知、情、意、行等方面整体发展。

6. 信赖性

儿童在此年龄段对情感和思维的言语表达有限，辅导者急于进行干预辅导，有可能令儿童产生不安全感和排斥感。对儿童进行心理与行为辅导的第一步就是要让儿童对辅导者建立亲近感和信赖感，消除紧张感，放松情绪。再则，儿童辅导通常有家人的陪同，辅导者也需要尊重家长的感受，取得家长的信任，并告知心理辅导咨询过程的保密性原则，有助于儿童心理辅导的顺利开展。

二、辅导方法

与成人不同，儿童的心理特点决定了其心理与行为辅导的方法有一定的特殊性，因问题与障碍类别不同，其辅导方法也应有所差异。不过，无论是哪种方法，其目的都是为了有针对性地解决儿童的心理健康问题，培养儿童良好的心理品质，维护儿童的心理健康。常见的辅导方法有以下几类：

1. 行为疗法

行为疗法也叫行为矫正法，是建立在行为主义理论基础上的一种心理治疗方法。其核心思想是认为人类的绝大多数行为，不论是正常的还是异常的，都是通过学习获得的。因此，个体通过学习和训练可以消除那些习得的不良的或不适应的行为，也可以获得所缺少的适应性行为。

在行为治疗中，对儿童问题行为的分析应以其外在表现为基础。界定儿童心理问题时也要用可操作术语，比如，询问儿童"你什么时候总想上厕所"，而不说"你什么时候感到紧张焦虑"，这样可以准确掌握问题的发生时间和频率等。儿童年龄小，自我概念、认知、情感等尚未发展成熟，他们的行为更多地受外在因素的影响，所以在进行儿童辅导时，很少运用内部强化系统和改变认知结构来矫正行为问题，而通常采用"非认知性"的行为治疗方法。比如，一个经常随地大小便的儿童，他无法控制自己的行为，也很难为此感到羞愧、内疚，辅导者企图通过改变认知而改变其行为常常收效甚微，只有以外控和强化的方法训练才会有效。

以下介绍几种常用的儿童心理健康问题矫正的技术：

（1）强化法

强化法是以操作条件作用为原理，系统地应用强化手段去增强某些适应性行为，减弱或消除某些不适应行为的方法。在行为矫正过程中，常用的强化法有以下几种：

第一种，正强化技术。正强化技术是指运用具有奖赏效用的强化物对期望儿童出现的行为给予奖赏，以增加该行为发生频率的一种行为矫正技术。在正强化的过程中，行为所获得的结果与行为增加具有密切的关系，即行为出现之后获得好的结果，从而使行为得到加强。正强化技术常用于纠正儿童的不良行为。例如，当儿童有某种不良行为时成人可不予以理睬，而一旦出现相反的良好行为时，立即给予肯定或其他强化，可以逐渐用良好行为取代不良行为。

在给予儿童某种物质的或精神的奖励时，儿童的良好行为得到维持或增加，我们把这些奖励称为强化物。根据强化物的内容，可将强化物划分为以下几种：

①消费性强化物：指糖果、牛奶、汽水、饮料、巧克力等一次性消费物品。由于幼儿对食物有不同的偏好，所以应选择能够满足幼儿喜好的强化物。

②拥有性强化物：指在一段时间内孩子可以拥有并享受的物品，比如布娃娃、玩具汽车、玩具手枪、小狗、小猫、漂亮的衣服、纪念品、文具盒等。

③活动性强化物：指看动画片、看漫画、做手工制作、逛公园、野餐、旅游、逛街等幼儿喜欢从事的活动。

④社会性强化物：指精神层面的奖赏。比如拥抱、抚摸、微笑、亲吻、注视、表扬等。对于儿童来说，父母和教师的表扬、关注是最有力也是最有效的强化物。

此外，运用正强化技术对儿童进行教育时，要注意以下三点：

一是强化要及时。良好行为出现后，应立即给予强化，而且，必须是先有行为，后有强化，这种前后顺序不可颠倒。这样儿童才容易在好行为和强化物之间建立条件反射，从而更易在类似情境下做出相应的行为。经验证明，即时强化比延时强化效果更好。

二是要选择有效的强化物。强化物的选择在行为矫正过程中起着重要的作用，对一个儿童有效的强化物可能对另一个儿童不合适，成人要根据儿童的需要选择合适的强化物。

三是塑造行为宜用连续强化，维持行为宜用间歇强化。连续强化即个体的每次行为都受到强化；间歇强化即行为出现若干次之后，再间歇地给予一次强化。如果期待儿童养成某个行为，那么每次出现这种行为，就给予强化，以此引导他形成习惯。良好的行为习惯养成以后，就要考虑如何让儿童内化这种习惯，而不是凭借外在的刺激维持了。这个时候，就可以考虑间歇强化，并逐渐拉开间歇的时间间隔，最终，使得儿童逐渐摆脱对外在强化的依赖，成为自己的习惯。

星星平时吃饭比较慢，有一次吃饭速度比较快，这时，老师立刻伸出大拇指，笑着夸奖他："吃饭快了，真棒！老师给你贴一颗小星星。"

通过正强化可以增加儿童以后出现此行为的概率，如果每次出现吃饭快这一行为都给予正强化，这一行为就可能稳定下来，成为一种良好的习惯。

第二种，代币管制法。代币管制法又称代币管理法或代币治疗法，简称代币法。它是一种运用强化原理促进儿童出现更多良好行为的方法。其中的强化物所起的作用类似于货币，因此称为"代币"。代币可以作为在某一范围内兑换物品的证券，其形式有纸牌、小红花、小红旗、小票券等。儿童可以用这些证券换取自己喜欢的物品。运用代币法，首先确定儿童要养成的良好行为，对之进行清楚、明确的界定，如早上七点钟起床，吃饭时不看电视等，然后规定、说明期待行为与奖赏代币之间的关系。要注意的是，代币必须是可以积累、计算，且只能从成人那里获取的一种证券。成人要注意观察儿童的行为，并依照其表现情况即时发给代币。当儿童所获代币积累到一定数量之后，就可像真的钱一样来购买或兑换想要的物品或优待，如买零食、玩具、外出旅游等。随着代币数量的增加，所交换的物品在儿童心目中的地位也逐渐升高，儿童可以自由选择要兑换的物品或优待。代币法的主要目标在于培养动机，从而促使儿童产生期待行为。

第三种，消退技术。消退技术是指停止对某种行为的注意强化，而使该行为逐渐消失的治疗技术。例如，小孩借哭闹的方式来引起大人的注意，以达到自己的目的。这时，父母的劝说或打骂都可能成为孩子继续哭闹的强化因素，因此，父母对孩子的这些行为可不予理睬，孩子无理取闹的行为就会慢慢消退。

第四种，负强化技术。负强化技术是指如果儿童进行或完成了某种行为，随即可以消除使他感到不愉快的刺激。利用这一原理，通过取消某种厌恶刺激可增强某种良好行为的可能性。由于不愉快刺激如唠叨、噪声、劳动、隔离等能使儿童产生极大的不舒适感，因此这些不愉快刺激的移去或撤除能满足儿童的安全和舒适的需要，达到和给予正强化物同样的效果。所以与正强化一样，负强化能增加个体行为的出现率。

第五种，奖励暂停法。奖励暂停法是指当儿童出现某种不良行为时，立即停止或取消他能够获得的正强化的机会。这一方法尤其适合矫正儿童的攻击性行为、破坏性行为和自我伤害性行为。例如，对违反纪律的儿童可以暂停其娱乐的机会，待其保证后可再恢复其活动。使用这一方法时应注意暂停的时间一般不要太长，否则一旦形成心理逆反就适得其反了。

（2）放松训练

放松训练主要通过放松肌肉和心情，达到克服焦虑、消除疲劳、稳定情绪、振奋精神、应对压力的目的。在儿童心理治疗中，放松训练对消除儿童的焦虑有特殊的作用。

①想象放松法。想象是人类心理活动的一个组成部分。在儿童心理治疗中，想象技术十分常用，操作程序比成人的想象放松更加简单。运用到儿童心理辅导时，可让儿童舒服地躺坐在沙发或靠垫上，轻闭双眼，在幼儿辅导教师的言语指导下，自行想象。教师要在儿童感到最舒服、最放松的情境下来安排指导语的内容。

②深呼吸放松法。有些儿童的行为问题是进入到一个特定场合（如上台表演、到陌生场合）会感到紧张，无法放松。在这种情况下，进行想象放松练习已经没有时间和场地了，所以更适合使用深呼吸放松法，既简单又有效。具体做法：让儿童站定，双肩下垂，闭上双眼，然后慢慢地做深呼吸。持续五六次，通常儿童的情绪能较快地平复下来，降低焦虑感。具体操作如下：

现场师生练习想象放松法和深呼吸放松法，配上让人心情放松的音乐。

师：现在请你找一个舒服的姿势坐着，肩膀自然下垂，看着老师的示范。用鼻子深深地吸气，吸到足够多时，肚子会鼓起来，接着憋气3秒钟，再把吸进去的气缓缓地呼出，在呼气时想象你所有的紧张都随着呼出的气体消失了。好，现在慢慢闭上眼睛，跟着老师的节奏：吸……呼……吸……呼……（重复数次。）

（3）系统脱敏法

这是行为治疗中应用较早的技术之一，由沃尔普创立，常常用在治疗对特殊客体或情况恐惧或焦虑时所产生的心理障碍，如恐血、怕蛇、考试焦虑等。系统脱敏法包括三个步骤。

①建立恐惧或焦虑等级表，把所有能引起恐惧或焦虑的一系列情境罗列出来，并按照恐惧或焦虑程度由低到高排列。此等级表的决定

与排列，需要教师或家长与儿童一起完成。

②进行放松训练，如通过深呼吸，放松全身肌肉。

③系统脱敏，按照儿童和教师或家长之前制定的等级表，从最低级情境开始，进行想象脱敏（或实地、实物脱敏），直到儿童对此情境不再感到恐惧或焦虑为止，然后，再对高一级的情境进行脱敏。如此，逐步提高其恐惧或焦虑的等级，尽可能完成对最高等级的恐惧或焦虑的脱敏。

下面以一个儿童害怕触摸兔子的个案为例，介绍系统脱敏法的具体应用。

4岁的小静原来很喜欢小动物，特别是小兔子。有一次，爷爷在家里杀兔子，无意中小静看到了兔子浑身血淋淋的一幕，受到惊吓后小静连自己最喜欢的兔子也害怕，不敢触摸了。父母对此束手无策，苦恼不堪，向老师求助。

①老师与小静及其父母一起建立恐惧等级表（表5-1）。

表5-1　恐惧等级表

等级	情境	情绪反应
1	观看兔子图片	完全正常，小静知道这是假的
2	观看兔子进食、奔跑等动态视频	正常，因为兔子在电视里，接触不到
3	站在远处观看兔子	有点害怕，担心兔子过来，触碰到自己
4	站在较远处观看兔子	比较害怕，要站在母亲身后观望兔子
5	站在距离兔子3米左右，观看兔子	非常害怕，做不到
6	蹲下观看脚边的兔子，并喂食	非常害怕，做不到
7	触摸兔子	更加害怕，做不到

②对小静进行放松训练，并教小静如果心里不适时，可以自己进

行深呼吸放松；也可加以认知辅导，告诉小静兔子可爱的一面。

③系统脱敏。按照小静和父母一起制定的等级表，从最低级情境开始进行脱敏，从第三级开始由教师和父母一起带领小静进行实地和实物脱敏，直到小静不再焦虑、害怕，并运用强化法给予鼓励和表扬。然后，再对高一级的情境进行脱敏。如此循序渐进，经过系统脱敏辅导，小静可以平静地触摸兔子，给兔子喂食了。

（4）模仿学习法

这是建立在班杜拉社会观察学习理论基础上的一种行为治疗方法。幼儿的许多行为并非通过直接实践或受到强化形成的，而是通过观察、学习产生共鸣，从而增加良好的行为或减少、削弱不良的行为。因此，模仿与强化一样，是学习的一种基本形式。模仿学习法包括现场示范法，参与模仿法，自我示范法，电影、电视或录像示范法、想象模仿法以及角色扮演法等多种类型。

比如，对一个害怕小狗的儿童，可使用以下三种模仿学习法让儿童敢于接近小狗，产生喜爱：①现场示范法，让儿童在现实环境中，观看其他儿童如何与狗玩耍、相处。②参与模仿法，先让儿童观摩其他儿童与狗玩耍，再让他在成人的指导下逐步参与此种活动。③电影、电视或录像示范法，让儿童观看示范者与狗相处的有关电影、电视或录像，使之逐渐模仿示范者的行为举止，消除对狗的恐惧。

（5）其他方法

在行为矫正技术中，还有冲击疗法（暴露疗法）、厌恶疗法，以及惩罚中的暂时隔离技术、矫枉过正法。由于儿童年龄尚小，这些方法刺激较大，易对儿童身心带来伤害，不建议使用。

2. 绘画疗法

我们知道，人类先有图画后有文字，儿童也是先学绘画再学文字的。一幅图画胜过千言万语——因为图画传递的信息比语言更丰富，读图是最简单、最直接地了解人们内心世界的方法。画者一面进行着创作，一面会与内在进行交互对话，对话内容会显露出内在未解决的难题，同时绘画的创造性也会带来治愈性力量。绘画是个体潜意识的表达，绘画的语言丰富、内涵清晰，各种画笔、水彩、颜料、油墨，都可以用作画具。这些画具可以揭示儿童神奇的心理世界，儿童用稚嫩的笔触、线条或色彩所做的一些看似简单或古怪的作品，都是儿童内心情绪与情感、想象与思维的投射。在儿童的心理辅导中使用绘画治疗，其实是提供一种方式，让儿童可以表达心中的焦虑、忧郁、孤寂或害怕等种种复杂情绪，一旦画出来之后，会获得很好的释放。

克莱默将儿童绘画划分为五种类型：

初级涂鸦型：涂鸦、涂抹、探索绘画材料的物理性质。这些活动不会产生有象征意义的图形，但儿童体验了积极、自我和谐的情绪。

情绪发泄型：倒出、泼洒颜料，敲打材料发出声音，出现失去控制的破坏行为。

循规蹈矩型：刻板地临摹、描画轮廓，画没有新意但符合一般规范的绘画作品。

以画代言型：通过画图代替言语与人进行交流。

艺术表达型：画出具有完整意义的美术作品，成功地表现自我，与人交流。

许多儿童绘画并不是要真正地完成一幅作品，只是探索和尝试绘画材料，那些无法抑制紧张、焦虑、亢奋情绪的儿童在绘画中很容易出现混乱，例如一个有多动障碍的儿童可能会停留在涂鸦的水平上，什么也画不出来；而一个受到心理创伤的儿童会因为注意力难以集中，无法画出结构良好的形象，反而弄皱画纸。绘画治疗的环境要让儿童感到安全，可以自由随意地画出各种形象。如果儿童愿意接受绘画辅导者一起参与绘画，可以将绘画变成一种交流活动，在画上表达彼此的想法。同时，绘画也是一种具有年龄特点的、有效的讲述方式。绘画可以让儿童的讲述自然而然地发生，也可以借助这种视觉性的讲述方式，使儿童与辅导者距离拉近。辅导者在对儿童的绘画作品进行反馈时，其实是对儿童画中投射出的情感进行反馈，有助于儿童利用绘画修复心灵。在绘画的颜色选择上，也有其年龄特点：4岁前，儿童选择颜色是无意识的，常常是抓起离他最近的任何颜色的画笔来画；4~6岁，一些儿童开始把图画中事物的颜色与他们知觉到的环境中事物的颜色联系起来，但仍具有主观性和随意性；6~9岁，儿童开始出现图式性的用色，形成使用颜色的规律，如树干是棕色的、树叶是绿色的、海水是蓝色的、土地是黄色的；9岁以上的儿童则倾向于以事物本来的颜色绘画，具有写实性。如果是受到心理困扰或创伤的儿童，其绘画中的色彩使用往往要重点关注，大多数情况下，过多使用黑色具有消极意义，包含恐惧、威胁、否定等消极情感。

儿童绘画作品中的形象，特别是人物形象也是具有情感意义的结构性要素，自我感觉不良或自尊水平很低的儿童一般会把自己画得很小。比如，一个父亲有家庭暴力行为，孩子在他的自画像中把自己画得很小，他讲述道："我爸爸经常对我发火，我希望自己越来越小，小到爸爸看不见。"经历严重创伤，如暴力虐待、大地震后的儿童，绘画的一般特点是反复画、用色少，讲述和描绘悲痛、绝望和自我毁灭事件等。

现阶段对儿童绘画情感表现的研究集中在其可能有的问题上，通过绘画发现儿童积极品质的经验相对较少。但在儿童绘画作品中，的确存在一些类似心理康复的表现。例如，一个受家庭虐待的6岁男孩画自画像时，画了一个很大的人，带着笑容，说明"现在我家里的状况不好，但是有一天，会好起来的"。这种在他的图画和讲述中表现出来的充满希望的感觉是心理康复的关键，表明他的内心有把握命运的信念。有的儿童也在画中表达了对美好事物的渴望和回忆，如远方或想象中的风景、植物、小鸟、蝴蝶，以及玩耍的孩子、亲密的家人等。

总之，绘画或其他艺术活动是承载无法言说的伤痛和痛苦情感的载体，也是能带来欢乐和安全感的载体，还是一种在环境难以改变下展现儿童适应能力、应对能力和继续成长能力的载体。这是一种有效的康复治疗方法，对于各种焦虑、创伤应激障碍、多动障碍、自闭症、抑郁等异常心理的儿童都有很好的治疗效果。

3. 游戏疗法

游戏治疗，即从单纯的儿童游戏发展成为一种心理辅导治疗方法，源于1909年弗洛伊德的儿童治疗案例，到20世纪30年代至50年代，发展出了不同的理论流派。游戏治疗的发展历史与传统心理治疗的发展历史一脉相承，经历了精神分析游戏治疗、结构式游戏治疗、以儿童为中心的游戏治疗、行为游戏治疗、格式塔游戏治疗、焦点游戏治疗、认知游戏治疗等。发展到今天，游戏治疗已不再是一种单一的治疗形式，而是包括一大组治疗形式，涵盖了多种国际上已经极为成熟的理论取向和技术策略，如游戏、艺术、音乐、戏剧、舞蹈、运动、沙盘、故事疗法等。它有多种应用于来访者的不同干预方法和不同设置，既可以对来访者进行短期干预，也可以进行长期的治疗；既可以在专业的治疗环境中进行，也可以应用在日常的家庭环境里协助父母促进儿童心智发展。游戏治疗至今已经成为国际上通用的、主流的儿童心理治疗和心理发展的方法。我国台湾地区的儿童游戏治疗起步较早，发展至今已经日臻完善，在学校、医院、社区机构等场所普遍使用。

游戏疗法可以建立治疗关系，帮助儿童交流他们的想法，游戏中没有成人的评价和判断，可以为儿童提供直接的或象征性的交流想法和感受的机会。在游戏室中，玩具就是儿童的词汇，游戏则是儿童的语言，对儿童而言，游戏就是最自然的沟通媒介，也是表达自我情绪、想法和行动的工具。而游戏治疗师必须受过良好的训练，知道如何选择器材及如何发展一种安全的关系，让儿童能用其最自然的方式来沟通表达，在此种特殊的心理互动交流中，儿童的适应能力会提升，因而更有能力来表达并解决心理的挫折和创伤。

游戏疗法适用于治疗各种有行为、情感和心理问题的儿童，从一般问题到严重问题，如儿童多动障碍、自闭症、冷漠和逃避、攻击性行为、学习困难、恐惧、焦虑、抑郁、压力应对、父母离异、亲人死亡、灾难、虐待等造成的心理创伤。

游戏疗法也可用于普通儿童的发展性咨询，如促进心理、情感发展，促进认知发展，促进运动协调能力发展，促进智力、注意力发展，促进人际交往能力发展，促进语言表达能力发展，促进理解能力发展，等等。还可用于青少年、成人治疗，家庭治疗，团体治疗等。

游戏疗法在儿童心理治疗中主要有以下几种形式：

（1）玩偶游戏

在玩偶游戏中，儿童会明确某个玩偶的身份，把他自己的感情投射到游戏形象上，并借助玩偶来表达自己在现实生活中遇到的冲突。这其实为辅导者提供了一个机会去观察儿童的想法、感受和行为，而儿童自己往往是不知道的。

需要的材料：与实物大小接近的玩具娃娃、仿真玩偶、家庭成员玩偶、玩具房玩偶、填充好的布艺动物，以及卡通人物玩偶、童话人物玩偶等。

（2）木偶游戏

木偶游戏与玩偶游戏相似，可以象征性地让儿童讲述故事并表演出他们所想象的内容。

需要的材料：家庭成员手掌木偶，指头木偶，用纸板剪出的家庭成员、动物木偶等。

（3）讲故事

首先让儿童说出他自己的故事，然后辅导者回应故事，并介绍一个更合理地解决故事中内心冲突的方法。可以配合录音、录像来补充，以便儿童直观地看到或听到自己讲的故事。

需要的材料：写作材料，如纸、笔；美工材料，如纸、蜡笔、彩色铅笔等；用来表演儿童所讲故事的木偶与玩偶；录音、录像设备。

（4）规则游戏

各种需要遵守规则、轮流或合作进行的团体游戏，如棋盘游戏、运动类的规则游戏，不建议安排计算机上的虚拟游戏，其并不能引导幼儿学到现实人际社会中的行为规范。

（5）沙盘游戏

沙盘疗法已是一门很成熟的心理治疗技术，作为精神分析技术的工具，让问题幼儿通过表达幻想、发展控制力来解决问题并控制内心冲动，因此也叫沙盘游戏。使用专门的沙箱，将沙箱配套的物件摆放在沙箱里，形成自己要表达的主题，可谓"一沙，一世界"。因为沙盘游戏不像绘画、戏剧需要专门的技术，它更容易操作控制，无论受何种创伤的幼儿都能够将内心深处的想法体现出来。辅导者需要营造真诚、温暖、认同的氛围，让幼儿体验一个既有趣、放松又能达到辅导治疗效果的游戏过程。

4. 感觉统合训练

感觉统合功能失调又称感觉统合障碍，是由于大脑无法有效处理来自身体与周围环境的感觉信息，无法将人类的视觉、听觉、触觉、前庭觉及肌肉关节动觉（本体感）五种基本感觉的刺激加以统合并适当反应而产生的。患者往往对日常生活各种感觉无法进行适当的反应，但这些反应又是一般人在不需要注意的情况下，便能从容执行的。感觉统合功能失调可能伴随着注意力不足，同时也可能伴随有阿斯伯格症、自闭症、脑性麻痹、唐氏综合征等。越来越多的研究结果表明，儿童多动、注意力差、笨手笨脚、胆小、害羞、不自信、适应力差、写字笔画或部首颠倒、阅读困难、计算粗心、做事或做作业磨磨蹭蹭、孤僻、黏人、爱哭闹、偏食、挑食、怕人触摸、攻击性强等，这些问题的发生都与感觉统合功能失调有关。在我国，尤其是大城市，感觉统合功能失调的发生率不断攀升。

感觉统合功能失调是很复杂的问题，可能影响儿童的发展，如学习、沟通技巧、友谊与玩乐。患有感觉统合功能失调的儿童通常缺乏安全感。他们总是显得笨手笨脚，做事尽管努力，但结果总是不尽如人意，由此产生沮丧、茫然、惧怕情绪，缺乏自信等。治疗的目的即提供上述几种感觉刺激的输入，并适当地控制，让儿童依靠内在驱动力引导自己的活动，自动形成顺应性的反应，借此促成这些感觉的组合和统一。

感觉统合训练是指基于儿童的神经需要，引导对感觉刺激进行适当反应的训练，此训练提供前庭觉（重力与运动）、本体感觉（肌肉与感觉）及触觉等刺激的全身运动，其目的不在于增强运动技能，而是改善脑处理感觉资讯与组织，并形成感觉资讯。

感觉统合训练多用于解决儿童如下八个方面的问题：一是视觉、听觉、前庭觉及本体感觉某一或某几个方面存在异常。二是经常出现类似的异常行为，或有自伤行为，或频发的自我刺激行为。三是完成动作有困难。四是喜欢独处，与同伴一起游戏或沟通存在困难。五是害怕别人触摸或者喜欢别人触摸。六是喜欢爬高，旋转不觉得眩晕；害怕爬高或者害怕眩晕。七是语言发育迟缓、姿势别扭、动作不协调。八是注意力存在缺陷，多动或冲动，并因此呈现出学业不良问题。现实中，儿童可能呈现上述问题的一个或几个方面。一般而言，感觉统合功能失调较为严重的儿童往往伴随有多个方面的问题。

感觉统合训练的关键是同时给予儿童前庭、肌肉、关节、皮肤触摸、视、听、嗅等多种刺激，并将这些刺激与运动相结合。感觉统合训练涉及心理、大脑和躯体三者之间的相互关系，而不只是一种生理上的功能训练，儿童在训练过程中获得熟练的感觉，增强自信心和自我控制的能力，并在指导下感觉到自己对躯体的控制，情绪由原来的焦虑变为愉快。感觉统合训练就是要用耐心培养儿童的兴趣，让他们建立自信心；要让他们在游戏中感到快乐，自动自发才有效；感觉统合训练因人而异，让儿童每天都有多样的感觉刺激为宜。

感觉统合训练分为：触觉训练、前庭平衡觉训练、弹跳训练、固有平衡训练、本体感训练等。

不少幼儿园将感觉统合原理运用到幼儿集体活动中，开展感觉统合运动游戏，其宗旨是"SAFE"（即S=感觉动作，A=适宜，F=乐趣，E=简单）。幼儿园教师要在明确活动目标的前提下，确定活动主题，并根据幼儿的实际需求选择感觉统合运动项目的具体内容，再以集体游戏或亲子游戏的形式来开展感觉统合运动。

5. 家庭治疗及其他疗法

家庭治疗是把家长、幼儿及其他家庭成员当作一个自然单位，旨在改进这一家庭单位的整体功能的治疗过程，即通过改变家庭成员之间的交互作用来影响个体的变化。家庭治疗的一个前提是，家庭对幼儿的发展具有最重要的影响，家庭的结构、氛围塑造着幼儿的态度、信念、价值观、自我感和相应的行为。家庭治疗的模式，当前应用较多的是米纽秦的结构式家庭治疗和萨提亚的联合式家庭治疗。

家庭治疗的主要作用是，帮助家长更了解孩子的成长和发展，帮助家长认清自己的角色，帮助家长认识孩子问题的复杂性。家庭成员间的问题梳理好了，家庭功能健全了，才有助于问题的改善。

在儿童心理辅导治疗中，还有阅读治疗、团体治疗等技术。阅读治疗对于儿童主要是图画书阅读，适合有一定理解能力的儿童，能有效改善儿童的情绪障碍。团体治疗是相对于个体辅导的两个人及两个人以上的辅导治疗形式。儿童年龄尚小，关注度有限，团体治疗以2~4个人为宜。家庭治疗、游戏治疗、艺术治疗或行为疗法均可以通过团体治疗的形式来开展。对于睡眠、排泄、进食障碍除可使用上述疗法外，还需结合营养、药物治疗来改善儿童的神经生理功能。在大多数情况下，儿童异常心理和问题行为都需要采用综合的生物—心理—社会模式进行干预。

知识拓展

负强化与惩罚的区别

负强化与惩罚都需要运用不愉快刺激，但负强化是去除原有的不愉快刺激，惩罚是施加额外的不愉快刺激，两者的主要区别包括以下三方面：

（1）实施目的不同。负强化的目的是通过不愉快刺激消除不良行为，并建立良好行为。而惩罚的目的是通过不愉快刺激来抑制不良行为的出现，不一定要形成良好行为。

（2）实施方式不同。负强化是针对正遭受不愉快刺激的个体，并当个体表现出所期望的良好行为时，就把不愉快刺激撤离，从而鼓励个体维持良好行为。惩罚是当不良行为出现时及时施加不愉快刺激，以便阻止不良行为产生。

（3）实施后果不同。负强化的后果是个体喜欢的和接受的；而惩罚给个体带来不愉快甚至痛苦的感受。因此，负强化比惩罚更具有积极作用，它不仅可以阻止不良行为，还有利于良好行为的产生。

主题3　儿童常见的心理健康问题案例及其措施

导语

　　3～6岁的幼儿期是儿童心理成长与发展的关键时期，其思想尚不成熟，自我意识还处在萌芽状态，尤其会受周围环境中不良因素的影响而形成不健康的心理，这就要求幼儿教师能够及时发现问题，帮助幼儿进行心理调节和疏导，促进幼儿健康成长。

一、多动症案例

　　浩浩，5岁，上幼儿园大班，比其他孩子明显表现出多动行为。集体教学活动时不遵守纪律，用笔乱写乱画，小动作不断，一会儿玩文具，一会儿咬指甲，一会儿做鬼脸，老师讲课也常被他的大喊大叫打断。他甚至在课堂上乱跑，不听管教；注意力不集中，东张西望，老师暗示或批评后没有任何效果；户外活动中不大合群，喜欢制造"恶作剧"，如有时接连把几个同学推倒，自己却满不在乎；在家里表现出任性、冲动，遇到想做的事情，父母不能满足时，便大喊大叫，甚至在地上打滚儿；在生活中几乎做任何事情都杂乱无章，虎头蛇尾，自己房间里的东西乱七八糟，文具、图书经常损坏，玩具扔得到处都是；等等。

　　1. 分析

　　从以上情况可以看出，浩浩具有以下特点：注意力不集中、易于分心；自我控制能力差、容易被激怒；小动作多、难以安静；行为举止缺乏思考和判断；做事情有头无尾；等等。这些是典型的儿童多动症行为。

2. 成因

对多动症的病因和发病机理，目前尚不能十分肯定，多数研究者认为其由以下几种因素引起：

（1）脑神经递质数量不足。一些研究者认为多动症的原因是脑神经递质数量不足，这可能与脑组织损伤有关。母亲妊娠时患疾病，如高血压、肾炎、贫血等；分娩过程异常，如早产、新生儿窒息等；幼儿期患疾病，如过度高烧、患脑膜炎、头部外伤等。

（2）遗传因素。研究表明，大约40%多动症幼儿的父母及其亲属中，在其童年也患有此病；单卵孪生儿中多动症的发病率较双卵孪生儿明显增高。多动症同胞比半同胞（同母异父、异母同父）的患病率高，而且也高于一般幼儿。张宪斌教授对800例多动症患儿进行研究，发现14.2%的病例有本病家族史，有11对双胞胎同时患病。上述几点均提示遗传因素与多动症关系密切。

（3）心理社会因素。由于儿童心理发育不成熟，如在此期间，父母教养方式不当、父母离异、被遗弃、被歧视等都将使孩子受到重大的精神创伤，导致抽动或多动等行为异常。另外，溺爱、放任自流、漠不关心，也可能使症状出现或加重。

（4）其他因素。有人认为多动症可能与锌、铁缺乏，血铅增高有关。可乐、咖啡、食物添加剂可能增加儿童患多动症的危险。

3. 措施

（1）强化法。当儿童出现一些良好的行为或比以前有进步时，如注意力比以前集中、小动作比以前减少、不再说谎等，可根据情况给予表扬或奖励，这样可以使良好行为得到巩固和发展。

（2）消退法。对多动症儿童的某些行为，采用不予理睬的方法，使之逐渐消退。开始采用消退疗法时，儿童的不良行为可能恶化，情绪反应也会非常激烈，成人应坚持而不妥协，才会收效。

（3）感觉统合训练。多动症儿童有协调不佳、感觉过分敏感、注意力容易分散、四肢动作笨拙不灵活等现象，如系鞋带、扣纽扣时动作协调性不好，跳绳、拍皮球时双手双脚配合失灵等。感统训练能帮助儿童减少多动行为，增强注意力，提高学习能力。

（4）运动治疗。多动症儿童一般精力都非常旺盛，常从事一些破坏活动以发泄其精力。教师和家长应尽量为儿童提供正当的释放精力的机会和活动，鼓励儿童多参加集体活动，如文娱活动、体育活动、游戏活动、劳动等，使其过剩的精力得以适当地宣泄。

（5）药物治疗。服用药物可以改善多动症儿童对自身情绪和行为的控制力，在改善其行为的教育干预中起到很好的辅助作用。采用药物治疗法应寻求专业人士的帮助。

（6）饮食辅助治疗。研究表明，锌、铁等微量元素及多种维生素能在一定程度上改善幼儿的注意力水平。鼓励幼儿多食含锌类食物如蛋类、肝脏、豆类、花生等，含铁类食物如禽血、瘦肉等，以及富含维生素的食物如新鲜蔬菜、水果等，有助于改善幼儿的多动行为。

（7）家庭治疗。从系统论观点分析，孩子作为家庭系统中的一员，孩子出了问题，往往反映出家庭中的亲子、夫妻关系不正常，家庭教育方式不科学等。因此，应努力协调和改善家庭成员间的关系，尤其是亲子关系，和谐地与孩子相处和交流，掌握行为矫正的方法，并用适当的方法对孩子进行行为方面的矫正。

二、逆反行为案例

芝芝，6岁，活泼可爱，思维敏捷，和外公、外婆、爸爸、妈妈生活在一起。外公、外婆均为退休干部。外婆对芝芝特别严厉，常常唠叨；外公则对她很娇宠，基本上是有求必应，言听计从。爸爸、妈妈由于工作繁忙，对芝芝管得不多。进入大班下学期，家长发现芝芝特别不听话，凡事偏要反着来。早上上学的时间到了，可芝芝要么赖床不起，要么呆呆地站在镜子前不肯刷牙。于是，大人们对她轮番指责。可是，大人们越喊她越慢，最后干脆说"我不刷牙了"。晚上吃饭时，让她快点吃饭，她却将一口饭含在嘴里半天也不咽下去。

1. 分析

由于自我意识的发展，几乎每个儿童都会出现逆反行为，处于逆反期的儿童不喜欢成人干涉他们做事，会选择逃避或者反着干，极端逆反的儿童还会出现行为问题。从以上事例中可以发现，即将升入小学的芝芝出现了一些逆反心理的苗头。

2. 成因

儿童逆反心理的形成原因是多方面的，既有个体心理发展的必然因素，也有后天环境的影响。

（1）个体成长的必经阶段。儿童在成长的过程中，随着自我意识的发展，主观能动性越来越强，对成人的指挥和安排表现出更大的自主性。因此，儿童常常表现出反抗、任性，开始"闹独立"，这是儿童心理发育的必然阶段。即将进入小学的芝芝身上出现的这些现象，是儿童确立自我的关键时期，也被称为精神上的"断奶期"。儿童的反抗常常是以跟大人"顶嘴"的方式表现出来的，并且显得理由十足。这表明儿童的"自我意识"正在发展。

（2）家庭教养方式的影响。家长对幼儿的过分呵护，是许多幼儿逆反心理产生的主要原因。在家里，幼儿是成人们关注的焦点，平时生活中的溺爱和过分呵护，养成了他们任性、孤傲的性格，一旦需要无法得到满足，他们就会耍脾气，久而久之，就产生了与家长对抗的逆反心理。

有些家长认为孩子年龄小，安全意识差，经常会包办代替，限制太多，任何可能引发危险的事情更是连碰都不让碰一下，当孩子的自主性和探索欲都得不到支持和满足时，自然会引发他们的逆反行为。越是得不到的东西，他们越想得到；越是不能接触的东西，他们越想接触。在这种情况下，成人的责骂会引起他们的不满情绪，不听劝告的逆反行为就产生了。

3. 措施

（1）要掌握儿童心理发展的规律和特点，正视儿童的逆反现象。儿童逆反行为是因为自我意识增强，有了自己的思想，这是自我独立的表现。家长要意识到这是每个儿童必经的成长阶段。逆反心理包含许多积极的心理品质。逆反心理包含诸如自我意识强、勇敢、好胜心强、有闯劲儿、能求异、能创新等积极的心理品质。现代社会充满竞争，迫切需要具有创造性思维、眼界开阔、能进取的人才。因此，家长要善于发现逆反心理中的创造性品质和开拓意识，并合理引导。只要引导得当，逆反心理也能够发挥积极作用。

（2）改变家庭教养方式。家庭成员在对待孩子的教养态度上要尽量做到一致。一方面要避免对孩子过分溺爱、呵护；另一方面在生活上要减少对孩子的包办，多提供锻炼机会。如果家长能改善教养的方式、方法，对孩子加以正确引导，就能收到良好的教育效果。随着年龄的增长和经验的增多，孩子对周围世界的探索欲望更加强烈，这是孩子独立性发展的一个大好时机。这时，家长就应在保证安全和要求合理的前提下，尽量为其提供自己动手和选择的机会。例如，家长在为芝芝购买衣服或食物时，或安排学习与休闲时，应尽量征求芝芝的意见。遇到芝芝感兴趣的小实验，家长应尽量为她提供相对独立、安全的自由操作空间，满足她尝试的愿望。

（3）合理要求，关注儿童心理的"最近发展区"。对儿童提出的要求要合理。例如，每次不要对儿童提出过高的要求，只提一些比他们的实际能力略高一点儿、经过努力能完成任务的要求，也就是符合儿童心理的"最近发展区"。同时，一旦儿童达成目标后，作为成人，就要及时给予肯定和鼓励。这样，既能使儿童享受到成功的喜悦，又能增强其自信心。

三、咬人行为案例

芳芳是个2岁半的女孩，爱咬人。假如某个小朋友拥有她想要的玩具，而那个小朋友不给她，她就会咬人。有时候，她突然走到某一个小朋友面前，笑眯眯地抱住这个小朋友，然后突然咬住这个小朋友的下巴。几天前，由于前面的小朋友没有及时爬上滑梯的台阶，她就咬了那个小朋友的脚踝。每当芳芳咬人的时候，教师总是批评她，告诉她，她的行为给别人带来的伤害。芳芳也总是表现出很后悔的样子，并向被咬的小朋友道歉。但很快她就像什么事情也没发生一样去玩了。有时，在教师的提醒下，她可以一天不咬人；而有时候，过一小会儿，她就又咬人了。

1. 分析

咬人是指儿童经常毫无征兆地咬其他儿童。年龄较小的儿童爱咬人，这是绝大多数儿童都要经历的阶段，但这个阶段很快会过去。当儿童出现咬人行为时，教师一般会责备、惩罚儿童，这可能强化了儿童把咬人当作迅速得到教师关注的一种方式。有时，教师对儿童这种不能控制自身的行为大发雷霆，这也会影响儿童自我概念的发展。因此，儿童的咬人行为既可能伤害到其他儿童，也会影响儿童自身的心理发展，对这一行为必须引起足够的重视。

2. 成因

儿童的咬人行为既有可能是一种正常的自然行为，也会在儿童受到挫折等特定环境下出现。儿童的咬人行为，可能与以下因素有关：

（1）儿童心理水平较低，不会考虑他人的感受。年龄较小的儿童因为不会考虑他人的感受，在与同伴互动时，难以把握互动的分寸，可能随口就咬人，这种咬人对于幼儿来说，是自然发生的。

（2）儿童在长牙时易发生咬人行为。当儿童在长牙时，会由于牙龈发痒而通过咬人来摩擦牙齿。

（3）狭窄的空间易导致儿童的咬人行为。在拥挤的空间里，儿童的活动受到限制，容易引起儿童情绪的变化，儿童可能通过咬人行为来表达自己的情绪。

（4）感知觉的发展可能导致儿童的咬人行为。儿童通过自身探索来发展感知觉能力，咬人本身就是一种感知活动。

（5）儿童受到挫折会导致咬人行为。对年幼儿童来说，当他们在活动中受到挫折，就有可能通过咬其他同伴来发泄这种不良情绪。

（6）饥饿原因。当儿童感到饥饿时，也可能会通过咬人来缓解饥饿感。

（7）生理原因。如果某个儿童从来没咬过人，某天他突然开始出现咬人行为，那么有可能是因为他耳朵发炎了，儿童会通过咬人来缓解这种不适症状。

3. 措施

（1）观察儿童，了解儿童咬人行为经常出现的情境。教师与家长要认真观察儿童，了解儿童一般在一天的什么时段会咬人，咬人的对象是谁，是什么引发了儿童的咬人行为，咬人前后会有怎样的行为表现。这些信息可以帮助成人了解儿童咬人行为的频率、发生的原因，从而判断该儿童咬人是正常行为，还是问题行为，并采取针对性的干预措施。

（2）尽可能保持活动环境管理的有效性。狭小的环境易诱发儿童咬人等攻击性行为，因此，教师要经常检查教室里的环境布置、材料和日程安排，以确保满足儿童的发展需要。环境的管理越有效，越能减少儿童受到挫折和发生冲突的潜在可能。儿童很容易感到疲劳和饥饿，因此两餐之间，教师要给他们提供一些点心。

（3）采取预防措施防止儿童的咬人行为。如果通过前面的观察已经了解到儿童咬人经常出现的情境，教师就可以采取一些措施来预防。如待在儿童旁边，发觉他想咬人了，就抱开他并转移他的注意力；如果觉得他需要咬一些东西，就给他提供一些替代物品。

（4）强化儿童适宜的社会交往行为。如果儿童在与同伴交往的过程中出现一些积极的社交行为，教师应及时地予以强化。当儿童学会更多的积极交往行为后，其咬人的行为就会减少。

（5）与家长合作，共同消除咬人行为。教师要从家长那里了解儿童的咬人行为是否在幼儿园以外经常出现，家长对儿童的咬人行为采取了什么策略，并通报家长在幼儿园里是如何应对的。

（6）适当采取自我控制时间策略。如果儿童经常咬人，伤害到其他孩子，教师可以采取适当的自我控制时间策略，即告诉这名儿童，因为他的咬人行为，所以要暂时停止他当前的活动，让他到其他地方待着，反思自己行为的后果，让他意识到这种行为是不被接受的。当他意识到自己的行为对他人的伤害，并主动承认错误后，就可以重新回到活动中来。这种自我控制时间策略不同于罚站，儿童在这种策略里是可以有自己的支配权的。若儿童返回活动后又出现咬人行为时，则告诉他，因为他并没有改正自己的错误，需再次离开活动到旁边去进行自我反思。

（7）及时治疗儿童的生理疾病。对于那些以前从未出现过咬人行为，在某一天突然咬人的儿童，应带儿童进行身体方面的检查，看是否耳朵发炎了，如果是，应及时治疗。

四、吮吸手指行为案例

欢欢是中班的一位小女孩，聪明好学。老师、小朋友都很喜欢她，但她有一个坏习惯——爱吮吸手指。在午睡、上课、游戏时都会发现欢欢将食指放入嘴里吮吸。当小朋友午睡起来时，就会听到小朋友的告状声："老师，欢欢睡觉又吃手了！"这时，她就会用无辜的眼神看着老师，仿佛在说："我不是故意的。它自己要跑到我的嘴里。"有时候，看见她在吃手指，老师提醒她，她就把手指拿出来，一会儿她又偷偷地吮吸手指了。

1. 分析

吮吸手指是指幼儿将手指放入口中进行吮吸的习惯性行为。对于年龄较小的幼儿来说，吮吸手指是一种常见的行为，也是一种正常的行为。实际上，幼儿在出生前，甚至还在母亲的子宫里时，胎儿可能就开始吮吸手指了。所有的婴儿都有吮吸的需要，吮吸手指能满足幼儿的这种需要。但如果上幼儿园后，幼儿还保持着吮吸手指的习惯，就应视为一种问题行为。

习惯性地吮吸手指会给幼儿带来许多不利影响。成人经常会对这些幼儿说，吮吸手指是"小宝宝才干的事"，同时，这种行为也会引起小伙伴们的嘲笑、戏弄，这会使幼儿产生自卑、胆小、退缩、紧张等心理，使幼儿自我价值感降低；长期地吮吸手指，会导致手指肿胀、脱皮甚至变形；吮吸手指还会影响幼儿牙齿的发育，引起下颌部发育不良；吮吸手指时，手上的细菌极易引发肠炎、肠道寄生虫病。因此，幼儿吮吸手指的行为必须引起高度的重视。

2. 成因

造成吮吸手指习惯的形成可能与以下因素有关：

（1）儿童口唇期没有得到满足或过度满足。弗洛伊德将人的发展分为五个阶段，即口唇期、肛门期、性器期、潜伏期、生殖期。在口唇期，儿童通过吮吸母乳或其他吮吸动作获得快感，如果这一阶段没有得到满足或过度满足，会使儿童长大后出现吮吸手指或咬指甲等行为。

（2）父母喂养的方式不当。一些母亲很早就给孩子断奶或因各种原因没有给孩子喂过奶，当孩子哭闹时，就给孩子嘴里塞一个奶嘴，一些家长甚至在游戏、休息、睡觉时都让孩子含着一个奶嘴。当孩子长大一些后，吮吸手指行为就成为了吮吸奶嘴行为的替代。

（3）儿童安全感的缺失。有部分从小缺乏母爱的孩子，因为缺乏安全感很容易形成以吮吸手指来自我安慰或自我娱乐的习惯。

（4）儿童对环境适应不良、紧张焦虑、压力过大。一些孩子入园后，因对环境不适应，或者教师组织的活动超过了这些孩子的认知发展水平，会使其产生挫折感；有些孩子因能力问题而无法参与活动而产生无聊感；有些孩子会因为家长或教师给的压力过大而产生紧张感。这些都容易导致孩子通过吮吸手指来缓解压力。

（5）寻求感官上的刺激。儿童是通过自己的探索来获取各种感觉，吮吸手指能够给儿童提供一种感官上的刺激。

3. 措施

（1）观察儿童。了解儿童吮吸手指行为出现的时间、地点、情境等，从而为有针对性的辅导提供依据。教师或家长要花一定的时间来观察幼儿，看看孩子经常在什么时候吮吸手指，在孩子把手指放进嘴里之前他在做什么，孩子吮吸手指的时间有多长，什么情况下会停止吮吸手指。这些信息的收集可以用来判断孩子的吮吸手指的行为是否正常，并且能够为判断孩子吮吸手指形成的原因提供依据，从而采取针对性的干预措施。

（2）提供多种感官替代活动，满足儿童不同感官刺激的需求。如果观察到儿童因为寻求感官刺激而吮吸手指，幼儿园教师或家长可为儿童提供不同类型的触觉和其他感觉刺激的媒介。如更多地安排玩水、玩沙、玩泥巴游戏，安排烹饪活动，嗅觉和味觉辨别活动等，通过提供多样的感官替代活动，来满足儿童不同感官刺激的需求。

（3）满足儿童需要关注、爱抚的心理。对于一些被忽视的、缺乏安全感的孩子来说，吮吸手指行为能够转移恐惧并得到成人的关注，教师或家长应与孩子建立亲密、融洽的心理关系，多关注、关心那些缺乏安全感的孩子。

（4）降低儿童的紧张焦虑水平，缓解儿童的心理压力。教师在组织活动时要提供适合儿童发展水平的活动，不要让儿童在参加活动的过程中产生过多的挫折感。家长对孩子提出的要求也要适当，不要给孩子太大的精神压力。

（5）强化儿童的适宜行为，忽视其问题行为。当孩子吮吸手指的行为有明显控制或改善时，成人应及时强化这种行为，如走到其身边，抱抱他，拍拍他，让孩子知道，你为他的行为感到骄傲。当孩子吮吸手指时，成人可以暂时不予关注，不必刻意指出这种行为是不好的，可以轻轻地走到孩子身边，装着若无其事地将他的手指从嘴里拿出来，当孩子再次投入到学习或活动时，马上给予表扬。这样做不仅能保护孩子的自尊心，而且能让孩子知道成人赞赏哪种行为。

（6）加强家园合作，形成改变的合力。教师要将孩子在幼儿园吮吸手指的情况反映给家长，听听家长的看法，共同思考如何减少这种行为的做法。家长也应主动与教师沟通，找到问题背后的原因。家长要意识到娇宠、迁就、过分溺爱的方式不利于孩子的成长。对于那些难以适应幼儿园生活而吮吸手指的孩子，家长要注意培养孩子的生活自理能力。

（7）组织教育活动，提高儿童的认识水平。教师或家长可以心平气和地用通俗易懂的语言告诉孩子吮吸手指的害处，组织"手上细菌知多少"等活动，让孩子知道吮吸手指不卫生。有条件的幼儿园或家庭可以让孩子在显微镜下观察手上细菌的数量。通过这些活动来提高孩子克制吮吸手指的自觉意识。

（8）必要时实施行为治疗。对于那些吮吸手指行为非常严重，已导致手指变形，严重影响活动的儿童，在必要时可以采用一些行为治疗，如给儿童手上涂抹苦味剂，使儿童在吮吸时产生厌恶感；给儿童手指上贴胶皮、戴上手套等。也可尝试规定儿童在一段时间内反复不停地吮吸，直到儿童产生不舒服、厌倦的感觉为止。但务必注意，儿童吮吸手指本意是为缓解内心压力，满足心理需求，这种治疗方式尽可能少用或不用。

五、分离性焦虑案例

思思，男，3岁，来幼儿园已经一个月了，但每天去幼儿园前都哭闹，总要跟奶奶、妈妈说："我不要去幼儿园。"到幼儿园后，他整天眼泪汪汪的，还会自言自语地说："我要回家，我要妈妈！"他不肯跟小朋友坐一块儿，不跟小朋友玩，喜欢独自走开，独自玩玩具或看书。他不肯自己吃饭，要老师喂，他不爱睡觉，甚至还出现头痛、尿频、反复做噩梦等现象。

1. 分析

这是儿童分离性焦虑的典型表现。经了解，思思是独生子，三代同堂，家长们对他过分溺爱，样样包办，吃饭要喂，睡觉要边唱歌边拍背才能入睡。家人对孩子过分呵护，导致思思依赖性强，独立性差，对家庭和家人有强烈的依恋，一旦离开亲人，便不知如何应对，缺乏安全感。幼儿园对他来讲很陌生，老师不熟悉，同伴不熟悉，让他的不安和焦虑加重，头痛、尿频、反复做噩梦等现象都是焦虑和不适应导致的。

2. 成因

上述案例可能有以下原因：

（1）儿童的认知和适应能力较弱。面对陌生的环境、陌生的伙伴、陌生的教师以及幼儿园中的一套规范，儿童会无所适从，从而出现情绪波动，引发焦虑。如孩子刚入幼儿园时不能自己穿脱外套、不能独立用餐、盥洗时不能自己整理衣裤等。难以独立完成这些生活任务，就会表现出无助和焦虑。

（2）儿童情感依恋缺失。儿童与父母等亲人朝夕相处，建立了依恋情感，一旦暂时分离，会因缺乏情感上的依恋和安全感而产生焦虑。儿童刚入幼儿园或进入新环境时这种焦虑尤为明显。

（3）儿童个性因素。研究发现，在入园之前与家长有分离经验的孩子比较容易适应幼儿园的生活。性格外向、活泼大胆的孩子则要比那些性格内向、安静胆小的孩子更容易适应幼儿园的生活。

3. 措施

（1）提前熟悉幼儿园。入园前1～2个月，家长应多带孩子到幼儿园附近参观玩耍，同时给孩子讲解幼儿园的乐趣，如有许多新奇的玩具，可以和小朋友一起唱歌、跳舞、做游戏等，使孩子熟悉幼儿园环境，愿意上幼儿园。

（2）建立良好的师幼关系。对于思思来说，突然离开家，来到一个完全陌生的环境，他会感到生疏、不习惯、不适应。教师要以和善的面容、亲切的话语、轻柔的动作、耐心的态度去照顾他，与他深入沟通。这样，他会感到安全、踏实，会较快地信任和服从教师。

（3）开展丰富多彩的活动。幼儿园还要考虑尽可能安排丰富多彩的活动，让儿童在玩的过程中不知不觉地忘掉分离的焦虑，逐步喜欢上幼儿园的生活。另外，还应观察、分析儿童的兴趣和爱好，了解他们喜欢什么玩具，有什么需求，尽量满足他们，以此作为吸引儿童注意力的手段。

（4）家园合作。在孩子刚入园的时间里，家长和教师一定要做好配合工作。孩子大哭大闹时，家长逗留时间不宜过长，应听从教师的劝告及早离开。教师每天提供给家长一份孩子在园里的生活情况表，家长要给教师交代孩子在家的情况，以便及时掌握孩子在进餐、睡眠、大小便、情绪等方面的情况。遇到问题及时沟通，及时解决。

六、自闭症案例

津津，3岁，刚上幼儿园小班。最近，老师发现津津有跟其他孩子不一样的地方：他不看任何人的眼睛，没有眼神交流；不爱与小朋友交往，而且喜欢独自一个人玩，不理会任何人的任何建议和要求；爸爸、妈妈离开时他不会伤心、哭泣，家人来幼儿园接他时也没有表现出高兴或喜悦的表情；看到他想要或想吃的东西就拉着大人的手去取，而不会用手指着东西说要。同时，他不主动说话，更不能用连贯的语言来准确地表达自己的想法。常有一些刻板的动作，经常单调地摆放同样的积木。另外，老师从他父母那里了解到，津津说话明显比其他同龄孩子晚，直到2岁才开始说话。老师怀疑津津患了自闭症，建议父母带他到医院确诊。

1. 分析

儿童自闭症又称孤独症，是一种严重的广泛性发育障碍性疾病。患儿1岁之前并没有明显的症状，但仍有一些与正常孩子不同的行为表现。比如，对人缺乏兴趣，妈妈抱着给患儿喂奶时，他不会将身体贴近妈妈，也不会对着妈妈微笑，甚至回避与父母慈爱的目光对视。患儿也不会依恋父母，对周围人的存在与否漠不关心，也不愿与小朋友在一起，独自一人反而自得其乐。患儿1岁以后症状会逐渐显现，主要表现为语言沟通障碍、社交障碍、刻板行为障碍。

2. 成因

虽然自闭症的病因还不完全清楚，但目前的研究表明，某些危险因素可能与自闭症的发病相关。引起自闭症的因素可以归纳为以下几种：

（1）遗传因素。双生子研究显示，自闭症在单卵双生子中的共患病率高达61%～90%，而异卵双生子则未见明显的共患病情况。在兄弟姊妹之间的再患病率，在4%～5%。这些现象提示自闭症存在遗传倾向性。

（2）社会心理因素。有研究者认为，儿童早期的生活环境缺乏丰富和适度的刺激、成人没有及时教给儿童社会交往的经验，可能是自闭症的发病原因之一。另外，精神压力和巨大打击也是自闭症常见的诱因，特别是生活环境突然发生巨大变化对儿童的影响更大。如父母离异、亲人突然去世、儿童突然被寄养在别处等，都会使其产生强烈的情绪反应，当反应过后，便会逐渐沉默不语，丧失语言交际功能，表现出自闭症的症状。

（3）新陈代谢疾病。如苯酮尿症等先天的新陈代谢障碍，造成脑细胞功能失调和障碍，会影响脑神经信息传递的功能，从而造成自闭症。

（4）器质性因素。如脑损伤、母孕期风疹感染，婴幼儿时患过脑膜炎、脑炎等。

3. 措施

（1）应用行为分析法。应用行为分析法是一种常被用来对有发育障碍的儿童进行早期行为干预与训练的操作性方法体系，是目前对自闭症康复训练最有效的康复方法。它把要教授的技能分解成可执行的行为单元，用特殊的手段对每一个行为单元进行培训直到自闭症儿童掌握这些行为单元，然后把已掌握的行为单元串联起来形成更为复杂的行为，最终使自闭症儿童习得这些行为。例如，教自闭症儿童学习语言，首先要对他进行呼吸训练，口腔舌部训练，发音训练，字、词、句的训练，等等。在这个过程中，采取的特殊手段包括提示、强化、纠错、分段、流畅、泛化等，自闭症儿童回答正确或反应正确时则给予鼓励，而错误的反应则忽略、纠正或重做。另外，要对每次学习训练的资料都详加记录，以便对训练计划做出相应修改。

（2）感觉统合训练。有研究者认为，自闭症儿童对视觉、听觉、触觉、本体觉和前庭觉五个方面的感觉刺激过分敏感，所以在社会交往、沟通能力和适应性行为等方面才出现问题。而感觉统合训练法通过对自闭症儿童感觉功能方面的训练，从而提高自闭症儿童的大脑的有关功能，为以后学习具体的技能奠定一个基础。感觉统合训练一般是由经过专门培训的专业人员向自闭症儿童一对一地实施，借助于以下主要的辅助器材：滑板、平衡台、蹦床、滑梯、吊筒、大笼球、触觉板、羊角球、走步器、阳光隧道、球池、滚筒等。

（3）药物治疗。治疗自闭症的药物主要有抗精神病药物、中枢兴奋药物，如有需要应寻求专业人士的帮助。

七、口吃案例

俊俊，男，5岁，上幼儿园大班。据母亲介绍，孩子生产时属于早产，从小体质较弱，语言发展得也就较晚，接近2岁时才开始说话，2岁半以后才会讲完整的句子。上幼儿园前便有口吃现象，但不严重，没有引起家长的注意。上幼儿园之后口吃现象比以前明显了，平时与同伴交谈，吐字模糊，说话吃力，间歇性地重复一个字或一个词，失去了正常的说话节奏。遇到集体讨论发言的情况，俊俊说上几个字便卡壳，急得满脸通红，嘴唇颤抖。因此，他常常害怕在众人面前说话，上课害怕老师提问，发言怕被同学嘲笑。

1. 分析

俊俊的问题行为是口吃。由于幼儿发音器官发育不完善、口腔肌肉运动欠协调、气息不够、词汇量不丰富、思维能力尚待发展，因此容易出现口吃现象。口吃多在幼儿期形成，也最容易在幼儿期矫正，如果幼儿期得不到矫正，口吃就可能伴随终身。

2. 成因

目前，对于口吃的成因尚不完全清楚，推测可能是以下几种原因引起的：

（1）疾病影响。如，与发音、语言理解甚至读书、写字有密切关系的神经系统发生障碍，小儿癫痫、麻疹、热病、脑病、百日咳以及耳鼻喉科的疾病等，都在一定程度上使儿童的呼吸和发声受到影响。

（2）遗传因素。口吃与遗传、大脑两半球优势或某种功能障碍有关，与语言神经末梢缺陷有关。口吃患者家族中的口吃发生率较高，达65%左右。

（3）模仿他人形成。很多口吃的儿童，都是因模仿他人口吃而形成的。由于语言机能还不完善，儿童很容易受到有口吃的人的影响，如经常与有口吃的人接触，模仿有口吃的人讲话，都可能会导致儿童形成口吃。

（4）心理因素。如，父母争吵、家庭不和、环境突变、突然受到强烈的惊恐刺激、说话时过于急躁或紧张等，都有可能出现口吃。由心理因素造成口吃的儿童都有自卑感，他们通常有消极的自我评价，夸大和担心口吃对自己的影响。

（5）父母对孩子的语言能力过分关注。在初学说话的阶段，由于言语功能发育不成熟，孩子经常会出现发音不准或咬字不清的现象，这是言语发展的正常现象。若此时父母急于求成，在孩子说话过程中，经常打断并进行矫正，会给孩子造成很大的心理压力，从而引起孩子口吃。

（6）强行纠正左利习惯。父母或老师强迫孩子纠正左利习惯时，也会使部分孩子产生口吃。人们习惯把控制语言能力的半球称为优势半球。习惯用右手的人，优势半球在左侧；习惯用左手的人，优势半球在右侧。如果成人要求左利手的孩子改用右利手，如要求用右手写字、拿筷子等，有可能使大脑在形成语言优势半球的过程中出现功能混乱，导致口吃发生。

3. 措施

（1）医学检查。对于口吃的儿童，可以先带儿童到医院检查是否有言语器官闭塞、声带不正常现象或躯体疾病等，根据病情进行处理。

（2）营造良好的语言氛围。成人要给儿童营造一个宽松和谐的氛围，帮助儿童减轻紧张感。教师、家长与儿童对话时，对儿童的口吃行为不要特别关注，而是顺其自然。对于孩子的口吃问题，成人要冷静，一点点地帮助孩子克服口吃，切忌给孩子过大的压力，如强迫孩子和不熟悉的人说话，逼迫孩子说话的时候不口吃等。

（3）尊重幼儿，给予信心。应该避免挫伤儿童的自尊心，不要在他人面前议论儿童的口吃问题。多鼓励儿童，让他明白口吃是可以纠正的，但是需要他自己的信心和毅力，只要努力，是能改变的。当儿童一时表达不清时，千万不要责怪。要鼓励儿童慢慢说，有进步就给予肯定，不断帮助儿童树立自信心。

（4）进行必要的语言训练。一是发音练习。教师念出正确的发音，让儿童看着教师的嘴型，逐字逐句模仿（先一字一字模仿，后一句一句模仿）。对儿童的模仿要多鼓励、多强化、少责备。二是语速训练。告诉儿童先在脑海里把要说的话想好，然后慢慢地表述出来；要求儿童说话的速度要放慢；教会儿童放松训练，当其说话紧张时，学习用放松代替紧张。三是朗读练习。平时可以让儿童多朗读儿歌、歌曲和背诵故事。有节奏的歌曲、朗诵对儿童的语言训练有一定的帮助，可以找一些生动有趣的儿歌、小故事来激发儿童学习的兴趣，让其反复练习，以锻炼其说话的连贯性。

八、遗尿行为案例

奕奕，男，5岁，活泼可爱，乐于帮助小朋友，受到老师和小朋友的喜爱。但奕奕经常夜里尿床，每晚尿床两三次，每次尿床以后，虽然有时能自己醒来，但大多情况下照常熟睡，直到妈妈喊他，才迷迷糊糊醒过来。父母多次提醒他，让他注意，但仍没有改善，时间一长，父母也不耐烦了，经常会训斥奕奕。现在奕奕在睡觉前总是提心吊胆，生怕尿湿被褥后又要挨骂。奕奕的父母感到非常困扰，在老师的建议下，决定带奕奕去找心理医生治疗。

1. 分析

遗尿症是指儿童在5岁以后，仍然不能控制排尿的现象。诊断标准为：5~6岁每月至少尿床2次，6岁以上每月至少尿床1次者。根据这个诊断标准，奕奕的问题属于遗尿症。

2. 成因

遗尿症的病因至今仍不十分明确，近年的研究认为遗尿症由多病因导致。

（1）遗传因素。近年遗尿症的基因研究表明，它存在家族遗传性。

（2）功能性膀胱容量减少。膀胱容量是指白天膀胱充盈至最大耐受程度时的膀胱充盈量。用膀胱内压测量方法研究遗尿儿童，发现其膀胱容量比预计的要少30%，同时膀胱的容量均不同程度地小于正常值，平均小于正常值的50%。

（3）睡眠过深。大部分患儿夜间睡眠过深，难以唤醒。这种觉醒反应是随年龄的增长而逐渐完善的，遗尿症是由发育过程延迟或有障碍导致。

（4）心理因素。临床观察发现，大部分遗尿儿童存在心理问题，如：焦虑、紧张、自卑、不合群，严重者有攻击性行为等。但近年来的研究发现，这些心理问题是由于长期遗尿而继发产生的，并非是导致遗尿的病因。

3. 措施

（1）建立合理的生活制度。培养儿童白天多喝水，晚饭后最好少喝水的习惯，以减少夜里膀胱的储尿量。同时，科学合理安排儿童的一日生活。坚持睡午觉，避免夜间太疲劳、睡得太沉太深；晚上按时睡眠，睡前避免剧烈运动，避免过度兴奋或紧张等；逐步培养儿童上床前把尿排干净的习惯。

（2）膀胱功能训练。指儿童在白天尽量多饮水，使膀胱容量扩张，当要排尿时，嘱其尽量憋尿，直到不能忍受为止，增大膀胱容量；另外，在白天排尿时，排尿过程尽量做到：排尿—中断—再排尿—再中断……加强尿道外括约肌和腹内肌对排尿的控制，以控制膀胱颈部下垂，达到夜间控制遗尿的目的。

（3）唤醒治疗。使用尿湿报警器或闹钟，将湿度感应器放在患儿内裤上，一排尿则报警唤醒患儿，以训练患儿对膀胱膨胀的敏感并及时苏醒。此法安全、经济、无副作用，但短期内不能见效，须长期坚持使用，且使用烦琐，停止治疗易复发，很难推广使用。

（4）药物治疗。可以在医生指导下进行药物治疗。

知识拓展

儿童心理健康的几个标志

对于儿童的心理健康，近年来国内外有不少教育工作者与心理卫生专家共同研究，他们对此提出了初步看法，认为一般心理健康的儿童有如下特点：智力发育正常，喜学爱问，情感丰富，性格开朗；行为活泼而有一定的自我控制能力；合群、乐群，能适应集体生活，能与同伴友好相处。

具体说来，他们在生活、学习、劳动以及与人相处等方面，有如下表现：

（1）情绪基本上是愉快、稳定的。不经常发怒，不无故摔打玩具与其他物品；生活起居正常，能按时入睡，睡眠安稳，少梦魇，无吮吸手指或咬物入睡的习惯；基本上能听从成人的合理嘱咐，不过分地挑食、拣穿，不经常无理取闹。

（2）求知欲较强。喜欢提问题并积极寻求解答；学习时或完成任何力所能及的任务时，注意力集中，记忆力正常；爱说话，语言表达能力同年龄相符，无口吃情况；生活中对力所能及的事，乐于自己做，不过分依赖别人的帮助，能比较认真地完成别人委托的事。

（3）能合群，爱与同伴交往。对人有同情心和友好行为，不随便打人骂人，不妒忌同伴；在集体中能愉快地生活，在成人指导下，愿意为集体做力所能及的好事。

（4）诚实而不说谎。很少说不符合现实的话；不私自拿别人的东西或损坏别人的东西；做错事不隐瞒，肯承认错误。

（5）有自尊心和一定的自信心。对称赞感到高兴，对批评、指责感到羞愧；希望做受人欢迎的事，不愿做遭人责骂的事；不过分地畏难、胆怯等。

专题六

儿童心理健康教育活动设计

心理健康教育活动是指根据社会发展的需要和儿童身心发展的特点，有目的、有计划地引导全体儿童自主参与的，在其自身的体验与感悟中提高心理素质、增进心理健康、开发心理潜能的一种活动。它是儿童心理健康教育工作的重要途径，与其他形式的心理健康教育相比较，它具有系统性、连续性和目的性等特点，因此它是心理健康教育最重要和最直接的形式。

主题1　儿童心理健康教育活动设计的基本内容

导语

　　儿童心理健康教育活动作为幼儿园活动的重要组成部分，应当有目的、有计划、有组织地进行。幼儿园应遵循幼儿教育的基本思想和总体要求，对心理健康教育活动的开展进行精心设计。

一、儿童心理健康教育活动目标和内容

　　儿童心理健康教育活动的目标以发展性教育模式为主，从儿童成长需要出发，解决他们在成长过程中出现的一系列问题，开发并促进其心理机能的发展。即根据儿童身心发展特点和规律，综合运用心理学、教育学、社会学和儿科学的理论来指导儿童心理健康教育的实践，满足儿童身心发展的需要，使他们获得促进身心健康发展的早期经验。教育内容则是为实现教育目标服务的。

　　1. 教育活动目标和内容制定的依据

　　（1）在制定儿童心理健康教育活动目标和内容的过程中，必须参照儿童心理的衡量标准，因为标准涵盖了对儿童心理健康教育目标和内容的要求。

　　（2）儿童的年龄特征、心理发展水平以及儿童目前的心理状态也是制定儿童心理健康教育活动目标和内容所必须考虑的一个因素。

只有了解儿童的年龄特征、目前的发展水平和心理状态，才能有针对性地制定心理健康教育活动的目标和内容。

（3）儿童心理健康教育活动的目标和内容需要根据环境的变化作相应的调整。随着社会的进步与发展，人类所处的环境也发生着很大程度的改变。过去所制定的目标和内容也许会出现与现今社会不相适宜的情况，因时制宜地调整儿童心理健康教育活动的目标和内容是十分必要的。

（4）制定儿童心理健康教育活动目标还要考虑到预防儿童心理障碍和行为异常的发生。儿童心理健康教育不但要提高儿童心理健康水平，还必须对心理障碍和行为异常的儿童提供帮助和指导，防止异常状态的进一步发展。

2. 教育活动目标的设计

活动目标的设计是活动设计的起点，它决定着活动设计的方向和内容。儿童心理健康教育活动的目标应根据儿童教育的总目标和儿童心理发展水平来确定。《幼儿园教育指导纲要》和《3～6岁儿童学习与发展指南》等对儿童健康教育的要求有：儿童心理健康教育应包括维护和促进儿童的心理健康，培养儿童良好的心理品质，全面提高儿童的心理素质，使儿童学会适应、学会交往、学会合作、学会自控、学会求知、学会创造等。

具体来说，可以归纳为以下三个方面：

（1）培养儿童乐观、自信、乐群、积极参与、耐挫、勇敢等良好的个性心理品质，促进儿童心理健康发展，使儿童拥有时代需要的心理适应能力和心理承受能力。

（2）使儿童学会合理排解不良情绪，远离不良情绪，有初步的自我情绪调节能力。

（3）促进儿童智力的发展，培养儿童观察、记忆、想象、思考等方面的能力。

3. 教育活动内容

在确定活动目标的基础上，选择与设计相应的活动内容。活动目标必须通过一系列活动内容来体现，活动内容是活动目标的载体。心理健康教育活动内容就是指活动项目的集合，而活动项目则表现为一个个活动单元。活动项目确定得恰当与否、活动单元设计得质量如何，直接关系到活动目标实现与否。因此要结合本园的实际情况，在理论分析的指导下，充分发挥教师的能动作用和创造精神，进行多方面的探索。关于如何使活动项目和活动单元的选择与划分更加合理，目前尚无一致意见，大多数心理专家将儿童心理健康教育活动的内容分为七个单元：自我意识的辅导、情绪情感辅导、抗挫折能力的辅导、意志力辅导、人际交往能力辅导、智力训练、其他。

二、儿童心理健康教育活动情境的创设

情境设计是对与活动主题相关的一些具体情境和活动氛围的创设。那么，如何创设活动情境？可以从三个方面展开。

（1）轻松活泼的"暖身"情境，如小实验、小游戏、猜谜、故事等，尽量使每一个儿童都受到感染和熏陶，为活动的开展奠定心理氛围。

（2）与主题相关的案例情境。情境应尽可能真实，提供有助于意义生成的实例，并把注意力集中于活动的主题，使活动目标在一定的活动场景中具体化，能激发起儿童探究的心理，为活动的展开进行铺垫，或为活动创设心理发展的空间。

（3）包括知、情、意、行等多重意义上的问题情境。问题以程序性问题、开放性问题和体验性问题为宜。

情境的创设可以利用讲故事、录音、录像、投影等教学手段来实现，真实地再现某些生活场景，感受其优美的景象，或人物的心态起伏；也可以利用音乐渲染和富有激情的语言描述，营造出与主题相映衬的活动氛围。

情境的创设要注意以下三点：

（1）符合儿童的心理发展水平和年龄特点。

（2）来源于儿童的生活实际，尽量选择身边的事例，远离儿童生活实际的人和事触动不了儿童的内心。

（3）情境应具有挑战性，要能调动起儿童求知的欲望，使儿童有"我想说""我要说"的冲动。

三、儿童心理健康教育活动方法

儿童心理健康教育活动的方法主要有游戏法、角色扮演法、讲解法、集体讨论法、移情训练法、行为练习法等。

1. 游戏法

游戏是幼儿最喜爱的活动，游戏法是儿童心理健康教育活动中最主要的方法之一。美国学者K.S.舒斯特认为，在维持儿童和成人的情感平衡或积极的心理健康方面，游戏是一个必不可少的条件。当然，不同种类的游戏可以起到不同的心理健康教育效果。例如，竞赛性游戏可以培养儿童的竞争意识和团体合作精神；非竞赛性游戏可以减轻儿童的紧张感或焦虑感，使儿童获得轻松愉快的情绪体验；等等。

应用游戏法要注意它的趣味性、自主性、虚构性、创造性、社会性（主要指契约性和互动性）的特点。游戏的趣味性使儿童能够在紧张中放松，在不安中坦然，在竞赛中找到观点，表现自我，流露真情。游戏的自主性表现在允许参与者自由选择加入与退出，让参与者意识到自己的存在，不必一定按别人的好恶行事。游戏的虚构性表现在参与者可以在一个虚构的情境下活动。在这个情境中，参与者抛弃了现实中原来的生活角色，去扮演游戏中的角色，因为具有虚构性，大家对游戏中的嬉笑怒骂都不会太在意。游戏的创造性：正如认知学派创始人皮亚杰在《发生认识论原理》一书中认为的那样，游戏是思考的一种表现形式。在游戏中，参与者的身心是处于放松状态的，由于是自主参与的，他们积极性高，其思维也最活跃，他们可以自由地创造游戏内容、形式和规则，最大限度地发掘并展示自我。同时，由于游戏的社会性，团体成员之间的思维碰撞与火花激发成为创造的又一源泉。游戏的社会性体现在，它要求儿童之间协同、合作与配合。在游戏过程中，儿童之间会形成大家认可的各种规则和契约。这种不成文的规则和契约，约束和规范着儿童的活动。成员有共同的契约，在互动中产生的感情成为凝聚团体的力量，在团体中能够彼此信任和分享经验。

游戏所展示的这些功能特点正是开展心理健康教育活动时所需要的，因此，游戏法成为开展儿童心理健康教育活动时最重要和最主要的方法。

2. 角色扮演法

角色扮演法是一种设定情境与题材，让儿童扮演角色，通过行为模仿或行为替代来影响儿童心理过程的方法。结合相关主题内容，让儿童扮演活动中的角色，进行现场表演，通过观察、体验、分析、讨论，从而使儿童受到教育。

角色扮演主要有以下方法：

（1）镜像法。这是指看别人扮演自己的方法。例如，爱说粗话、不讲礼貌的A看到B表演自己的所作所为，通过看别人演自己而客观地了解自己生活中的言行，从而改变不适当的行为。

（2）哑剧表演。此方法要求儿童不以语言或文字来表达其意见或感情，而用表情和动作来实现。表演可以是一人或多人，如表演"见面时""生气时""幸福时刻""等待"等。这种方法可以促进儿童非言语沟通能力（如情商）的发展。

（3）小品表演。这种方法是把幽默、讽刺或赞许的语言与滑稽的行为动作结合起来，展示学习和生活中的一些事情，告诉儿童其中的道理及处理问题的方式等。小品表演大多由多个儿童参与，情境接近生活，富有感染力，例如，表演"小朋友病了""小朋友来我家做客""给妈妈过生日""在公交车上"等内容。

（4）童话剧表演。这是一种把童话故事改编为剧本，进行舞台表演的形式。童话剧情节曲折，生动浅显，对自然物往往进行拟人化的描写，通过丰富的想象和夸张的手法来塑造形象、反映生活，是对幼儿进行心理健康教育的形式之一。如童话剧《拔萝卜》说明了齐心协力的重要；《小红帽》可以培养幼儿抵抗诱惑和听从长辈建议的品质；《丑小鸭》中的丑小鸭最后变成了白天鹅，说明只要不放弃，美丽的春天终会到来，也说明不要轻视貌不惊人者；等等。

3. 讲解法

讲解法，是教师利用语言和多媒体教学手段，通过生动、有趣的讲授来影响儿童心理和行为的一种方式。如，通过讲寓言、童话故事，使儿童了解其所表达的意义，明白做人做事的道理。

为了使讲解达到更好的效果，教师在讲述时语言要生动形象，讲解时尽可能辅以形象化手段（如实物、图片、幻灯、录像等），以帮助儿童理解。结合绘本进行讲解的方式在幼儿园中经常被运用。

4. 集体讨论法

集体讨论法是在教师的引导和组织下，儿童对某一专题发表自己的看法，通过讨论可以沟通意见，集思广益，解决问题。集体讨论中儿童可以沟通思想和感情，激发参与的热情，加深认识，因此也是一种常用的方法。比如，脑力激荡法，通过集体思考和讨论的方式，使思想发生连锁反应，以引发更多的意见或想法。此法可应用于创造力训练、解决问题能力训练等。

运用此法时应注意，教师要创设平等宽松的讨论氛围，不要轻易否定或怀疑儿童的意见，让儿童自由畅想，不管他们的意见有无价值，哪怕有些异想天开，也要接纳它。可以对儿童的想法加以改进和组合，但严禁批评指责。

由于开展讨论的基础是儿童已有一定的生活经验、有较强的思考力和语言表达能力，因此集体讨论法一般在大班使用。

教师可以提出这样的问题让儿童讨论：皮球掉进深坑了，怎么办？一个人在家，突然停电了，怎么办？气球挂在树上下不来，怎么办？碰到陌生人要带你走，怎么办？同伴掉进河里，怎么办？等等。

5. 移情训练法

这是指通过一些形式让儿童理解和分享他人的情绪体验，以使儿童在以后的生活中对他人类似的情绪能主动理解的方法。

运用移情训练法要注意以下问题：第一，提供的情境必须是儿童熟悉的、能理解的；第二，移情训练的基础是唤醒儿童已有的类似的情感体验，从而确保儿童能理解当前的情境；第三，移情训练不仅仅以教育为目的，更重要的是为了儿童能理解同伴的感受，自然地给予力所能及的关心与帮助；第四，教师加入移情情境中，会极大地感染他们，因此不能只是旁观者。

6. 行为练习法

行为练习法是指按照某种行为技能的要求反复进行练习，促使儿童掌握和巩固某种行为技能的方法。

行为主义心理学认为儿童良好的行为是在不断的试误与练习中建立起来的，所以对良好行为进行经常性的强化练习，是行为习得的重要途径。

行为练习法有以下三种方式：第一，在实践活动中练习，如在角色游戏中练习礼貌用语；第二，在自然的交往环境中练习，如在和同伴交往过程中练习分享、请求、协商等交往技能；第三，在特意创设的情境中练习。

运用行为练习法要注意以下问题：第一，教师要做正确的示范行为，以供儿童学习与模仿；第二，行为练习的方式要多样化，以引起儿童练习的兴趣和愿望，避免简单、枯燥；第三，行为练习要持之以恒，以使儿童的行为得以巩固。

四、儿童心理健康教育活动的强化练习

心理健康知识的掌握和心理技能的内化需要反复练习和持续的强化，因此要精心设计强化练习环节，以巩固活动效果。

强化练习可以在心理活动中开展，也可以在活动后进行，甚至可以延伸到家庭中，要求家长配合，督促完成。

强化练习方式和方法可以是个人独立训练，也可以是小组协作

练习；可以是教师根据主题内容设计的练习，也可以是家长参与的作业。

心理健康教育的强化练习是一种活动作业，重过程体验，不重结果。尊重每个人活动的独特性，重视个体经验的分享，不要求用统一的评价标准。

五、儿童心理健康教育活动的效果评价

效果评价是儿童心理健康教育活动整体的一个组成部分。通过效果评价教师可以了解心理健康教育活动的目标、计划、内容、过程、方法措施等是否符合儿童的发展水平，是否能促进儿童心理的健康发展，是否达到了预定的活动目标，起到反馈、诊断和增效等作用，具体内容如表6-1所示。教师在拟订心理健康教育活动方案时就应设计好评价的标准和范围，增强心理健康教育活动的科学性和有效性，以便在具体的教育活动结束后及时进行评价。

表6-1　儿童心理健康教育活动效果评价表

评价内容	评价指标
活动目标	1. 认知目标达成度；2. 情感目标达成度；3. 技能和能力目标达成度
幼儿活动参与性	1. 幼儿参加活动的程度；2. 注意力集中程度；3. 情绪愉悦的表现；4. 活动的持续性；5. 接受活动挑战的能力
活动适宜性	1. 是否固时、固地、固内容，是否依据幼儿学习的特点，灵活运用了集体活动、分组活动和个别活动；2. 教师是否以平等、关怀、尊重的态度对待幼儿，是否支持、鼓励幼儿与同伴互动等

评价的依据有以下几个方面：活动中和活动后的观察结果、心理健康水平测试、儿童反馈、家长反馈、其他相关人员的反馈等。

儿童心理健康教育活动的设计原则

儿童心理健康教育应以"儿童为本"，也就是把儿童当成与大人有着平等人格的人来进行关照。为此，幼儿教师在设计心理健康教育活动时，要遵循一定的原则，以适应儿童的身心发展特点，如此方能让活动发挥相应的作用。

1. 超前的社会适应性原则

社会适应性，起源于达尔文进化理论学说"适者生存"一词。后来专指人与社会的关系，它包括人与人之间的沟通、人对社会的适应等多方面的内容。于儿童的未来发展需要而言，超前的社会适应性原则，就是指幼儿教师在设计儿童心理健康教育活动时，要有一定的超前性，要面向社会，面向未来，要选择利于培养儿童适应今后社会的人格特征。

2. 发展性原则

发展性原则指幼儿教师在设计心理健康教育活动时，要让活动目标符合儿童心理健康教育发展的规律与特点，要充分考虑每个年龄阶段儿童的心理规律与特点：小班儿童要立足于养成良好的生活习惯与学习习惯，引导儿童学会自己照顾自己，发展注意力和观察力等；中班儿童要注意发展记忆力和想象力，培养儿童积极的情感与态度，引导儿童认识自己的身体、心理与社会等各方面的特点等；大班儿童要注意发展思维与创造能力，能够较好地认识自己，愉悦地接纳自己，培养自信心，提高承受挫折的能力。

3. 可操作性原则

可操作性原则指心理健康教育目标不能假、大、空，而要明确、具体化为可以观察评定的和可以训练培养的心理行为特征。具体体现在以下几方面：一是要体现游戏性，即要将心理健康教育以游戏的形式体现出来，使儿童的各种感知能力得到充分发挥。二是要体现趣味性，即考虑到儿童注意力集中的时间不长的特点，为儿童提供舒适、明亮的辅导场所和丰富、新颖的辅导玩具，激发他们参与心理健康辅导教育的兴趣，促进其身体各器官的活动机能，以达到延缓疲劳的效果。另外，还要注意活动方式的多样化、新颖性，让儿童在妙趣横生的游戏活动和生动有趣的谈话中获得身心成长，在良好的活动氛围中提高人际交往能力和增强团体协作意识，在成功的喜悦中增强自信心。三是要注意体现安全性，即要考虑到儿童器官的稚嫩，发育尚未成熟，心理上好奇、好动、好模仿，以及生活经验不足，科学设计活动，以保障儿童的人身安全，避免其受到伤害。

4. 渗透性原则

所谓渗透性原则，指要将心理健康教育寓于儿童的日常生活之中，对儿童在生活中的行为表现和情绪进行有目的、有计划的引导，让儿童学会在日常生活中科学调适心理，增强对儿童良好心理品质的培养和对行为的规范。幼儿教师要将对儿童的心理健康教育，和儿童经常接触的幼儿园、家庭和社区三大环境结合起来，在相关活动设计中对儿童进行心理健康教育辅导。

5. 认知辅导与行为训练相结合的原则

心理品质既不是单纯的思想观念，也不是单纯的行为方式，而是认知与行为紧密联系的综合体或心理—行为结构。一个心理健康的人，其内在认知和外显行为应该是相互统一的，这样才有助于其发展良好的心理素质和培养健全的人格。幼儿教师在对儿童进行心理健康教育活动的设计时，要在活动中培养这种内在心理和外显行为表里一致的素质，要在活动中加强认知观念，从外在行为方式入手对其进行行为训练，促进儿童良好心理品质的形成与发展，培养儿童完善的心理品质。

主题2　儿童心理健康教育活动设计的流程

　　活动目标的实现必须通过一系列活动内容来体现，活动内容是实现活动目标的方法与手段。活动内容是指活动项目的集合，而活动项目则表现为一个个活动单元。一方面，幼儿教师要以活动目标为导向，正确选择适宜的活动内容；另一方面，幼儿教师又需要将以上要求转化为实践过程。在实践过程中，教师要根据幼儿园和儿童的具体情况，对活动从内容到形式进行自主设计和安排，设计出连续性与阶段性、操作性与有效性相统一的单元活动，并把单元活动设计以书面的形式记录下来，形成具体的活动方案。

一、儿童心理健康教育活动设计的思路

　　在设计活动前，必须先了解儿童的需要，再确定单元主题，设计单元目标，明确活动方法，做好课前准备，确定活动过程等。

　　1. 了解儿童需要

　　儿童心理健康教育活动以直接满足儿童维护和发展自身的心理健康需要、促进儿童心理健康发展为目的，因此，为了使心理健康教育活动具有实效，必须对儿童的实际心理需要有充分的了解，做到心中有数，有的放矢。儿童心理健康发展的需要包括两个层次：一是一

般需要，是指在某一年龄阶段儿童普遍存在的心理和行为发展上的需要，教师可以通过研究发展心理学的有关资料来分析确定，也可以找一些现成的针对一般需要的活动设计作为参考；二是特殊需要，指本园、本班儿童和某些特殊儿童群体，由于其处在特殊环境中或遇到特殊事件的冲击或压力而需要解除困境、度过危机。教师可以进行实地调查，收集有关信息。调查对象可以包括儿童、家长、其他教师及有关的社会机构等，调查方法可以是访谈法、问卷法、座谈会等形式。

2. 确立单元主题

在了解儿童需要的基础上，教师就要进行科学的选题。有些教师不顾儿童的需要，不顾本园的实际情况，依据现成的参考书依葫芦画瓢，使心理健康教育活动脱离了儿童实际，这就违背了心理健康教育的目的。科学选题时，应因人、因事、因地、因时制宜。

单元主题要选用相应的名称，具体标示心理健康教育活动的特定内容。单元有大小之分，大单元又叫主题系列单元，一般由3～6个相关的或同类的小单元构成。

如，在"学会交往"系列主题单元设计中，可以包括以下小主题："学会打招呼""学会微笑""学会倾听""学会称赞""学会拒绝""学会竞争""学会合作"，等等。小单元就是针对某一特定的心理品质所确定的一个独立的主题，如"了解你的个性""如何与陌生人交往""和时间比赛"等。这样的小单元以1～3个课时为宜。

3. 设计单元目标

单元目标设计是对具体单元活动所要达到的结果的规划。对心理健康活动要求、单元内容、儿童已有的需要和状态进行充分了解后，确定单元目标分类，陈述开展心理健康活动具体的行为目标。

单元目标确定后，须用规范、明确的语言进行表述。同时要注意避免以下几个误区：

（1）活动目标单一、不全面。活动目标的陈述应全面，活动目标可以分为知识与技能、过程与方法和情感态度与价值观"三维目标"。

（2）目标主体不正确。活动目标应该陈述儿童学习的结果，而不应该陈述儿童学习的内容和教师做了什么，即行为的主体是儿童。

4. 明确活动方法

前面已说明心理健康教育活动的许多方法，如游戏法、角色扮演法、讲解法、集体讨论法等。教师在确定活动方法时，要综合考虑活动目标、活动主题、活动内容、儿童的身心状况、幼儿园和班级的条件以及时间、地点等多种因素，灵活运用多种活动方法，使其互相配合、协调一致，共同发挥作用，以实现心理健康教育活动的目的。

5. 做好课前准备

心理健康教育活动采用的方式与方法较多，对于活动地点应根据实际情况选择；对于活动所需的现代教育设备和影视、录音材料、教具、玩具等，都应在课前做好准备。

6. 确定活动过程

拟定活动过程是活动设计的主要部分，它规定了活动的具体步骤和实施程序。从活动开始到活动结束的每一个步骤，都应有周密的说明和细致的安排。拟订的活动过程要符合儿童的认识规律，由浅入深，由表及里，由感性到理性；要符合逻辑规律，即环环相扣、循序渐进，做到既完整又系统。

儿童心理健康教育活动的一般过程如下：

（1）"暖身"活动。即正式活动前为活动开展奠定心理氛围而开展的小游戏、小故事或小实验等。"暖身"活动的选择、设计与应用，应考虑两个要素：该"暖身"活动能否引发儿童的学习兴趣；"暖身"活动能否营造出一种开放、宽容的气氛，调整出轻松、活泼的情绪。

（2）创设情境。依据活动目标，创设有效、合适的情境，是整个活动设计的重点。活动情境创设完成后，要注意妥善安排各活动或情境之间的次序，循序渐进，环环相扣，以突出整体效果的衔接。（有时，第1、2环节可以考虑合并起来。）

（3）催化互动。儿童心理健康教育活动不同于一般教学的核心因素，在于团体动力因素的应用与掌握。催化儿童彼此参与和互动是心理健康教育活动设计的精妙之处。因此，教师在设计与实施活动时，要充分发挥集体的辅导资源，让儿童在儿童与儿童、儿童与教师之间的互动中，实现心理的健康发展。在催化互动中，教师起主导作用。教师要以温暖、尊重、理解和接纳的态度对待每一个儿童，要尽量表现出宽容、幽默，使活动轻松活泼地进行，从而吸引更多的儿童参与和投入进来。

（4）鼓励分享。教师要引导儿童鼓励他们互相之间交流各自体会。在这个过程中，教师不宜进行过多的说教和社会规范的灌输，只在必要时加以引导。这里应用了团体动力学的原理，通过团体成员之间的互动来促进儿童的心理发展。从团体动力学角度看，团体绝不是多个互不相干的个体结合，而是有着联系的个体间的一组关系，团体内部建立一定的规范和价值观，强有力地把个体成员的动机、需求与目标结合在一起，使团体行为深入影响个体行为。

（5）引发领悟。儿童在参与和分享中获取新的想法与感受，从而引发儿童的领悟，成为改变儿童成长的契机。在这里，教师侧重的是诱导、启发而不是说教和指挥。教师本着激励、启发和引导的原则，尊重每个儿童的个性，鼓励个人发表意见，重视班级内的交流与儿童反应。当儿童思维不清而语无伦次时，当儿童词汇不足而无法表达时，当儿童有所顾虑而不愿讲明缘由时，当儿童心情紧张而叙述受到影响时，教师要有针对性地循循善诱。教师如果拿不准儿童所表达的意思时，可以用反问的方法。比如，"你的意思是……吗？""这就是说……吗？"等语句。

（6）整合经验。儿童的参与以及彼此间的分享与回馈，使儿童能把别人以及在活动中获取的新经验与自身的经验加以整合，从而深化活动效果。因此，活动过程中与活动结束前的经验整合具有回顾与前瞻的重要功能。（第4、5、6环节经常连在一起。）

（7）促成行动。为落实儿童领悟与经验整合所取得的效果，鼓励儿童即席采取行动和演练成果，以确保教育活动的效果在知、情、意、行等维度上的统一。

（8）活动延伸。活动效果的取得，单单靠课堂活动是远远不够的。布置一定的作业，一方面要鼓励儿童把活动中取得的领悟与演练的成果迁移运用到日常生活中去，另一方面还要充分发挥幼儿园—家庭—社区这一辅导网络的支持作用。

以上八个环节只有在活动设计的理论架构统领下，在紧扣活动目标的前提下，才能有效运行，最终获取理想的活动效果。当然，这八个环节只是活动设计的基本走向，不同类型、不同内容的心理健康教育活动可根据具体活动目标与内容有所调整，或删减或合并某些环节。

案例:《小鳄鱼生气了》(大班)活动过程

一、播放课件

欣赏故事《小鳄鱼生气了》,引出"生气"这一主题。

二、经验交流

1. 引导幼儿发现和了解生气的现象。

2. 请个别幼儿讲述自己生气的生活经历。

3. 教师小结:原来,生活中有很多事情会让我们忍不住要生气,有的来自学习中,有的来自游戏中,还有的来自和其他人的交往中。而且,每个人都会遇到生气的事,不光你们会遇到,老师也会遇到,你们的爸爸、妈妈也会遇到。

三、观看实验:"生气的"气球,认识生气的危害和消气的必要性

1. 教师边操作实验边讲述。

2. 教师引导语:我们的身体就像这个气球,本来好好的,可是如果遇到不高兴的事情就会生气,遇到不顺心的事情也会生气,遇到不满意的事情还会生气,怒气越来越多,就像这个气球那样变得越来越大(边说边示范。)。如果不断地往这个气球里面充气,气球会怎样?(会爆炸。)我们人也一样,不断地生气就会气出病来。

四、讨论、分享和了解各种消气的办法

1. 就小鳄鱼的消气方式进行讨论。

教师:你们觉得小鳄鱼这样的消气方法对吗? .

幼儿:(讨论。)

教师总结:这样的消气方法不仅没让自己开心起来,还破坏了物品、伤害了自己，不好。

2. 讨论各种能够摆脱生气、找回快乐的好办法。

教师：你们能不能帮小鳄鱼想一些既有效又科学的消气方法呢？

请个别幼儿讲述自己认为可以消气的办法，并结合课件了解一些有效的消气方法。

教师总结：原来赶走怒气、找回快乐的办法有很多，比如吃点好吃的、看点好看的、听点好听的、玩点好玩的。你们真是一群乐于助人的好孩子，小鳄鱼按照你们说的方法做了，结果消了气，心情又变好了。（出示课件中小鳄鱼开心的笑脸。）

五、结束部分："纸飞机"游戏

教师引导语：你们刚刚了解了许多消气的好办法，老师也想出了一个既方便又有效而且还很特别的好办法，就是用一张纸来帮我们消气。我们先把这张纸折成一架纸飞机，然后把自己曾经感到生气的事情告诉纸飞机（对着纸飞机大声说出来），这架纸飞机就会把我们的怒气带走，飞得很远很远。你们快来试一试吧！

二、儿童心理健康教育活动方案的撰写

活动方案是在上述单元设计思路的基础上，对单元设计的提炼和升华，它通常以小单元为单位编写。有了活动方案，教师就可以有目的、有计划、有步骤地在规定课时内有条不紊地组织活动。撰写完整、周密的活动方案是保证活动取得良好效果的前提。

心理健康教育活动方案一般包括以下内容：活动主题、活动对象、活动目标、活动方法、活动准备、活动过程、活动小结、活动反思、活动延伸等（不一定都要有）。

只有在活动设计理论架构的统领下，综合考虑以上内容，才能撰

写出优秀的心理健康教育活动方案，获得理想的活动效果。

下面以《儿童自我意识的心理辅导——寻找闪光点》为例，学习和体验活动方案的撰写。

案例：儿童自我意识的心理辅导——寻找闪光点

一、活动对象

适宜中班下学期、大班儿童。

二、活动目标

1．知道每个人身上都有优点，初步学会欣赏同伴和自己的优点。

2．体验更多的自信心和满足感，在心理活动中感到愉悦。

三、重点与难点

重点：能够让儿童更多地了解自身的优点，树立自信心。

难点：儿童能够重新认识自我，悦纳自我，提高自我评价的能力。对教师而言是创设和谐的活动氛围，为儿童创设树立自信心的心理环境。

重点与难点的突破：先从形成原因分析，儿童年龄小，认知水平有限，以及会尊重和服从成人的权威，所以教师解决策略包括创设一定的故事情境，运用认知矫正法和肯定性训练相结合的方法，进行相应的心理辅导。

四、活动准备

每人一面彩旗、一套表示心情的符号，五角星若干。

五、活动过程

1．创设情境，引出课题

师：森林王国的国王给我写了封信，邀请我们班里优点多的孩子去参加森林联欢会，你们觉得自己会有机会去吗？那么我们先来找找自己有多少优点。

（意图：教师用参加森林联欢会作为兴趣点，创设情境，自然地向儿童提出活动要求，使儿童一开始就有了明确的目的和浓厚的兴趣，为开展下一个环节做了心理铺垫。注意，这里进行举手统计，作为前测数据。）

2. 说优点，初步认识自我

（1）儿童向同伴讲述自己的优点，说出一个优点，同伴就在彩旗上贴一颗五角星。

师：请你向你的同伴讲讲自己的优点，说出一个优点，同伴就在彩旗上贴一颗五角星。然后两个人交换进行。

（意图：这个环节为儿童创设了认识自我、发现自己优点的机会，让儿童能够初步地认识自我，也为下一个环节的开展做了铺垫。活动中，邀请同伴用五角星进行记录，一方面能够体现公平，另一方面是让儿童之间能够互相关注、互相合作。选择贴五角星这一方式进行记录，能够大大地激发儿童的活动兴趣，因为以往只有老师才能够给儿童贴五角星，在这一活动中儿童也拥有了这样的权利，那是他们无比开心的事情。）

（2）集体交流，寻找五角星最少的儿童。

师：请你们自己拿好自己的彩旗，互相看一看，谁的五角星最少？

在这个环节中教师了解班级儿童自信心的状况，从儿童获得五角星的情况来进一步了解儿童自信心的状况，为下一步的单独辅导寻找方法。

师：小朋友们，你们来帮忙找找，他（五角星最少的那位儿童）除了这些优点，还有别的优点吗？你找到一个，就告诉大家，并上来为他贴一颗五角星。

（意图：这是一个非常重要的环节，对于班级中自信心特别弱的儿童是一个重新发现自我的过程，通过这个环节，他能够在同伴找出的各种各样的优点中，重拾自信。同时，对于其他儿童而言，这一过程也能让他们努力去发现别人身上的优点，更加积极地评价同伴。无论对于不自信的儿童，还是对于自信的儿童都有积极的心理辅导价值。）

（3）了解此时这位儿童的感受，帮助他树立自信心。

师：原来你（五角星最少的那位儿童）也是个有很多优点的孩子，只是你自己没有发现。你现在感觉怎样？

（意图：这一环节中，教师重新将认识自我的权利交到了儿童自己的手上，让其重新认识自我，完成了认识自我的整个心理过程。）

3．小组活动，重新认识自我

（1）以小组为单位，寻找组内儿童身上的优点，方法同上。

（2）集体交流：你的同伴为你找到了几个优点？这里为儿童创设一个积极的交往空间，小组成员间互相寻找优点，能使组内儿童之间多一些了解。

师：森林王国的国王看到我们班的小朋友身上优点真多，决定让我们所有的小朋友都去参加森林联欢会，你们高兴吗？那我们就出发吧！

（最后，通过贴表情符号，一方面可以看出儿童通过这个心理辅导活动之后的情绪状态，另一方面也让每一个儿童内心的感受得到释放，同时也给教师反思自己的教学活动提供了依据。）

六、活动反思

幼儿园中该怎样进行团体心理辅导活动？在"寻找闪光点"这一活动中，教师总结出以下几点心得：

1. 创设一定的故事情境，帮助儿童更快地进入角色。儿童的思维是具体形象的，对事物的理解也是直观形象的，因此，情境是对儿童进行心理辅导的一座很好的桥梁。在这一活动中，以争取参加森林联欢会为情境开展活动，引起了儿童参与活动的兴趣。

2. 保证全体儿童全身心地参与，注重活动中的心理体验。因为团体心理辅导不是强调掌握心理学知识，而是要让参与者在参与的过程中不断地获得情感体验，以促进儿童个性的良好发展。

知识拓展

幼儿教师如何撰写教育教学活动方案

1. 明确教学目标

撰写教育教学活动方案的第一步是明确教学目标。教学目标应该明确、具体、可操作、符合儿童认知规律、适合教学内容。在明确教学目标时，需要综合考虑课程的性质、特点、课时安排情况以及儿童背景等因素，确保教学目标是可行且合理的。

2. 确定教学内容

确定教学内容是撰写教育教学活动方案的第二步。教学内容应该符合教学目标，重点突出，具有系统性和层次性。在确定教学内容时，需要依据教材和课程标准，选择适当的教学手段和教学资源，确保教学内容实现层层递进。

3. 设计教学步骤

设计教学步骤是撰写教育教学活动方案的第三步。教学步骤需要按照课程内容的逻辑顺序进行设计，确保步骤合理连贯，不让儿童感到困惑。在设计教学步骤时，需要考虑到儿童的认知规律和情绪变化，力求做到既有明确的目标又让儿童感到学习的乐趣。

4. 选择教学手段

选择教学手段是撰写教育教学活动方案的第四步。教学手段应该根据教学目标、教学内容和儿童特点来设计。选择教学手段之前，需要了解所选手段的优点和缺点，以及能否实现教学目标。

5. 考虑评价与反思

考虑评价与反思是撰写教育教学活动方案的最后一步。评价应该从多个方面进行，包括儿童的知识、技能、态度以及自我评价等。评价应该与教学目标、教学内容和教学手段相匹配。反思应该在完成教学后进行，帮助教师了解自己的教学效果和不足之处，以便在下一次教学中进行改进。

总之，撰写教育教学活动方案需要考虑多方面因素，涉及教学目标、教学内容、教学步骤、教学手段以及评价与反思等方面。在撰写教育教学活动方案时，需要综合考虑这些因素，力求做到总体规划合理，过程步步紧扣，达到预期效果。

主题3　儿童心理健康教育活动设计案例

导语

　　本主题主要展示儿童核心心理素质培养的教育活动设计案例，主要包括：抗挫折能力、自信心、良好行为习惯、积极情绪、自制力、合作能力、人际交往能力、分享意识等。设计案例分为两部分：首先展示一般活动示例，然后展示具体教学活动设计案例。

一、儿童抗挫折能力培养的活动设计案例

心理学研究表明，幼儿竞争是社会现象而非天生，因而即使是竞争行为，也要到幼儿4～6岁时才会出现。而4～6岁刚好是幼儿在幼儿园接受教育的年龄，因而培养幼儿的正确竞争意识，提高其抗挫折能力尤为重要。

活动1："三浴"锻炼

根据儿童的年龄特点、四季气候的变化，定时让儿童进行日光浴、空气浴和水浴。这对增强儿童的体质，提高儿童的免疫能力，培养儿童的意志力有十分重要的作用。

活动2：棋类比赛

老师在活动区角可以放置各种的棋类，如斗兽棋、跳棋、飞行棋、五子棋、围棋、象棋等，并教授儿童各种棋类的基本玩法。每天

在课间或饭后让儿童自由选择棋类游戏，也可定期举行"棋友会""棋盘高手"等比赛活动。棋类游戏活动不仅能促进儿童的思维发展，还能让儿童了解胜败都是常事，输赢都是暂时的。

活动3：值得我们尊敬的人

每个月讲述一个榜样人物的故事。儿童喜欢模仿，善于模仿，一旦有了榜样，他们会模仿榜样的行动，并进行比较，找出差距，明确努力方向。利用古今中外的典型人物在挫折中成才的事例潜移默化地影响儿童，所选人物可以是张桂梅、贝多芬等，也可以是儿童身边的人，如失聪的哥哥勤奋学习，考上大学，等等。可以在班上设一个榜样人物角，把榜样人物的事迹用图片等形式进行展示，便于儿童日常受到挫折时在榜样人物角找到鼓励。

案例：遇到困难我不怕

一、活动目标

1. 在了解困难挫折的基础上，培养儿童抗挫折能力和心理承受能力。

2. 儿童正确面对困难和挫折。

二、适合对象

5~6岁（大班）儿童。

三、活动准备

精美食品5份，15份交换卡。

四、活动过程

1. 开始部分：听一听，想一想

老师讲一则小故事：《小志真的成功了》。

小志的小手很灵活，平时的手工作业完成得很漂亮，经常受到老师和同伴的表扬。六一国际儿童节快到了，幼儿园准备举办一次手工作品展，让每一位小朋友都制作一个作品交上来。小志也很认真地做了。但没料到，小志的作品落选了，而平时水平不如他的小朋友的作品却被选上了。小志心里非常难过，忍不住哭了。哭过之后，他就去问老师："为什么我的作品没有被选上呢？"老师告诉他，因为他不够细心，他的手工作品在制作过程中出现失误，没等到展出就散架了。于是，小志知错就改，平时做手工更加用心了。功夫不负有心人，再次举行手工作品展时，小志的作品得了全园第一名。

小朋友们听完这则故事后，想一想小志刚开始是怎样想的？后来他又是怎样去做的？结果是怎样的？你们觉得小志这样做对不对？

2．中间环节：玩一玩，想一想

组织儿童玩"寻找'糖果交换卡'"的游戏。提出游戏规则：

（1）限时5分钟，在活动室内四处寻找事先藏好的"糖果交换卡"。

（2）"糖果交换卡"有圆形、三角形、正方形和长方形四种形状。只有拿到圆形卡的小朋友才能找老师换取糖果。

（3）对没有找到圆形卡的儿童给予引导，例如："你们现在没有找到圆形卡，心里一定很不开心，这就是一种挫折。碰到这种情况该怎么办呢？从小志的故事中我们已经知道了遇到挫折时，应该不怕困难，争取今后的胜利。"鼓励儿童重新寻找，争取成功。

3．结束部分

总结正确对待挫折的方法：不要被困难和挫折吓倒，要勇敢地面对困难。通过不断的努力，最终成为一个胜利者。

二、儿童自信心培养的活动设计案例

所谓自信心，就是相信自己有能力实现自己选择的目标的心理倾向；是坚信自己有能力克服困难，取得成功的意志品质。心理学研究表明，自信心与幼儿的发展有着显著的正相关。因为自信是人的心理健康的主要标准，甚至是核心标准。幼儿期是自信心萌芽、发展的重要时期，所以幼儿教师一定要设计并组织相关的心理健康活动，帮助幼儿树立自信心是幼儿形成心理健康人格的关键，这是一项十分重要的工作。

活动1：新闻广播

在每周一次的幼儿园晨间活动中，让儿童与大家分享自己的所见、所闻、所知。对大班的儿童，老师可提前在上周五确定一个主题内容，如汽车、叶子、玩具等，要求儿童回家和父母一起寻找与主题相关的资料。在这个过程中，儿童积极主动地参与、了解新的知识内容，丰富对主题内容的了解，然后周一把这些自己知道的事情带到幼儿园来分享，从而在开展活动时拥有表现的资本。这个活动不仅给儿童提供了一个表现自我的机会，还可以培养儿童关心周围事物的习惯，增强自信心。

活动2：小小展示台

老师可定期开展各类展示活动，如"我是歌唱家""我是故事大王""我会念儿歌""我是小画家""我是谜语大王""我是小小播音员""我是生活小能手"等。这些活动的开展形式可以是班级活动，可以是混班活动，也可以是亲子活动。让有特长的幼儿能充分展示自己的特长，从而获得自信。

活动3：比赛喊口号

老师可以先设计一句口号，如"我是一个勇敢的人！"并大声喊出来。儿童按接龙的形式每人说一句，如"我是一个有礼貌的人！""我是一个讲卫生的人！""我是一个敢于大声说话的人！""我是一个爱动脑筋的人！"等。也可以是同一句口号，大家分别尝试用不同的语速、声调、节奏等大声表述出来。这个游戏能够让儿童发现自己的优点，并大胆表现自己的优点，增强自信心。

案例：独一无二的我

一、活动目标

1．感受人与人之间的不同，知道自己是独一无二的。

2．愿意自己动脑筋，提出与别人不同的想法。

3．对自己的与众不同感到自豪，乐意观察和发现周围生活中的人和事。

二、适合对象

4~5岁（中班）儿童。

三、活动准备

镜子、相片、记录卡、画笔。

四、活动过程

1．引入

老师：大家能说说你们的生日分别是几月几日吗？

小结：每个人都有一个特别的纪念日——生日。我们每个人的生日不同，出生时的情形也不同，那是一个值得纪念的日子。从你出生的那一刻起，你就成为了这个世界上独一无二的个体。

2．寻找独特的我

（1）不同的样貌。老师："我们对着镜子照一照，看看自己，说说自己脸上都有什么器官，它们各有什么作用？再和你的同桌一起照镜子，看看你们的五官是一样的吗？"

（2）不同的名字。老师："我看看是不是所有的人都来幼儿园了，点到名字的小朋友就用不同的方法告诉我一声。（老师点名）×××，你怎么知道我在叫你呢？我叫其他人的时候你怎么不回答我呢？为什么？原来我们每个人都有不同的名字，如果每个人的名字都一样，会怎样？"

（3）不同的声音。老师："我们说话的声音一样吗？""有没有别人的声音和自己的一样？让我们试试看！"组织儿童玩语言游戏"请你猜猜我是谁"，让儿童凭声音判断出同伴，并思考为什么能够猜得到，有没有别人的声音和自己的一样。

（4）不同的喜好。分别请几位小朋友用自己最好听的声音唱一首歌曲。唱完后老师追问："你为什么要唱这首歌？除了喜欢唱不同的歌以外，你们还喜欢干什么？"请儿童说说自己最喜欢的事或物。老师对儿童个人的喜好表示激励与赞赏。还可以请儿童说说最喜欢自己身体的哪个部位。

（5）不同的想法。利用图片、录音等设计一些情境：小兔子掉进洞里了，怎么救它？手帕找不到了，怎么办？你和妈妈上街走散了，怎么办？让儿童进行讨论，动脑筋，想办法解决问题。

3．活动延伸：通过记录，认识自我

引导儿童观察记录，在记录表6-2中写上自己的名字，贴上自己的照片，并到体重秤和身高仪处请老师帮助测量，并记下数字，然后画上自己喜欢的食物、动物、爱好等。

表6-2 "独一无二的我"记录表

我的名字	我的照片	我的体重	我的身高	我爱吃的食物	我喜欢的动物	我的爱好

三、儿童良好行为习惯培养的活动设计案例

教育就是培养好习惯，习惯就是素质，习惯影响人格。儿童时期是养成习惯的关键期：培养始于父母，养成始于家庭，关键在于幼儿园。因此，幼儿教师一定要设计并组织相关的良好行为习惯活动，从而培养儿童的良好行为习惯。

活动1：自己吃饭，我真棒

为了培养儿童良好的吃饭习惯，老师可以教儿童朗诵儿歌《自己吃饭，我真棒》：小朋友，来吃饭，坐端正，手扶碗；小筷子，本领大，吃饭夹菜全靠它；不剩饭，不挑菜，自己吃饭，我真棒。接着，出示教具图，请儿童看看图片中的小朋友是怎么吃饭的，再请儿童学习。

活动2：良好习惯，大家学

老师把幼儿日常的一些（良好或不良好）行为习惯录制下来，播放给幼儿们看，请他们说说对这些行为的看法。这些行为可以是：（1）见到老师主动问好；（2）午睡时间，和旁边的小朋友不停地聊天；（3）插队；（4）随地扔垃圾；（5）在玩完玩具后将其放回原处；（6）自己穿衣服、穿鞋袜。

案例：随地吐痰不卫生

一、活动目标

1. 知道随地吐痰是不卫生、不文明的表现。

2. 结合图片讨论，了解随地吐痰会传播病菌，危害人体健康。

3. 养成不随地吐痰的习惯。

二、适合对象

5~6岁（大班）儿童。

三、活动准备

儿童随地吐痰的图片、病菌传播路径的图片或视频。

四、活动过程

1. 引入

（1）展示图片，让幼儿回答：图上的小朋友在干什么？这样做对吗？为什么？

（2）结论：我们不能随地吐痰，随地吐痰是不文明、不卫生的行为。

2. 老师引导幼儿参与讨论

（1）在我们的痰里面，有什么？

（2）你知道痰里面的病菌是怎样传播的吗？

（3）老师展示病菌传播路径的图片或视频（大致内容为：如果随地吐痰，痰被风吹干后，痰中成千上万的细菌就会飘到空气中；如果我们在呼吸过程中吸入这些细菌，就容易生病。）

3. 组织幼儿讨论

讨论主题：如果你有痰，怎么办呢？

老师总结：（1）可以把痰吐在厕所里，用水冲掉；（2）随身携带面巾纸将痰咳到纸中，团住后扔进垃圾桶；（3）如果碰上伤风感冒，痰比较多，还应该再准备一个小塑料袋，把吐过痰的纸巾存放在里面，再扔进垃圾桶。

4．活动结束

老师总结：每个小朋友都要自觉养成不随地吐痰的习惯。

四、儿童积极情绪培养的活动设计案例

所谓积极情绪，就是那些愉快、欢喜、满意等良好的情绪。积极情绪不但对幼儿的身体健康很有利，而且会使幼儿形成良好的心理感受，产生积极的心理体验，是幼儿成功调控自我情绪的基础；积极情绪会让幼儿的思维变得活跃起来，使之在活动过程中充分展示出创造性思维成果。因此，长期保持积极情绪，有助于幼儿养成良好的品德及行为习惯。所以，培养幼儿的积极情绪，也是幼儿教师对幼儿实施心理健康教育的一项重要工作内容。

活动1：积极能量贴

老师准备一些向日葵形状的磁贴，告诉儿童这是有魔力的积极能量贴，如果你遇到什么不高兴的事情，就把积极能量贴贴到磁力黑板上，贴一张就增加一份开心能量。当为班级或其他小朋友做一件好事时，就会获得一张积极能量贴的奖励。

活动2：心情清道夫

老师说："我今天是清道夫，要把你们心里的垃圾都扫干净，等一会儿请你们自愿前来表演出最近不好的心情，现在闭上眼睛先想一想。"老师请儿童躺下，放音乐片刻，坐起来，请一位儿童先开始。要求儿童表演时用表情说明自己的心情：生气、难过、悲伤等。老师

提示不同的情绪，鼓励儿童用动作表明发生了什么事。等儿童一一说完后，请每位心情不好的儿童揉一个纸团用力丢进老师的垃圾袋里，再一起把垃圾袋丢到垃圾桶。

案例：小鼓响咚咚

一、活动目标

1．初步认识身体器官与情绪的关系，知道自己有高兴、伤心、愤怒等基本情绪。

2．初步体验自我与他人的关系，以身体接触建立亲密关系。

二、适合对象

4~5岁（中班）儿童。

三、活动准备

小鼓一个，轻柔的音乐。

四、活动过程

1．音乐引入

老师和儿童复习歌曲《小鼓响咚咚》。

老师：我们刚才歌中唱到的小鼓是怎么响的？我们的身体里，也有个"小鼓"，你们知道它在哪里吗？

儿童相互听听心跳声，感知"小鼓"的存在。

引导儿童建立"心情与'小鼓'"的联系。

老师：身体的"小鼓"是你最好的朋友，你开心它也高兴地唱着歌，你生气它也生气大叫，你难过它也跟着难过……

2．讨论

老师：什么时候你的心跳会加快？什么时候会让你的心跳速度平稳？你心跳加快时，可以用什么方法让你的情绪慢慢恢复？心跳太快、太慢和我们身体有什么关系？你贴在小朋友的胸膛上和你被小朋友贴近的时候感觉怎么样？你和你的同伴以前有没有这么亲近过？

3．调节情绪

老师放着轻柔的音乐，请儿童放轻松地躺在地上，跟着老师"吸气""吐气"。呼吸可以有快有慢。两个小朋友一组，互相聆听对方的声音。交换同伴，以此重复。

五、儿童自制力培养的活动设计案例

自制力，即幼儿自我控制的能力，是幼儿能够遵从家长或者老师等照料者的指令，并根据指令对自己的行为做出相应的监督、控制的能力。作为一种心理品质，自制力并非幼儿从小就具备的，而是逐渐培养出来的一种心理品质。幼儿教师借助于活动，可以达到培养幼儿自制力的目的。

活动1：我们都是木头人

游戏儿歌：我们都是木头人，我们都是木头人，不许说话不许动。看谁露出大门牙。

游戏时儿童要边念儿歌边自由做动作，念完儿歌后，定住不动，也不能发出声音。如果谁动了或发出了声音，就必须把手伸给同伴，而同伴则拉住他的手说："本来要打千万下，因为时间来不及，马马虎虎打三下。"然后在儿童的手心拍三下，游戏结束。

活动2：我是雕像

一位家长发指令，另一位家长和孩子一起做游戏。游戏开始前，孩子和家长可以自由活动，当发出"我是雕像"的口令后，游戏者必须像雕像那样定住一动不动。雕像的姿势可以各种各样，可以是各种人物的定格动作，也可以是鸡、鸭、兔、羊、马、鱼、小鸟等各种动物的定格动作。如果谁先动了，谁就要被换下。

案例：我能忍一忍

一、活动目标

1. 理解并懂得忍一忍、坚持到底对成功的重要。

2. 在实践活动中表现出克制、忍耐的行为。

二、适合对象

5~6岁（大班）儿童。

三、活动准备

各种儿童喜爱的零食，如饼干、糖果、薯片、果冻、紫菜片等。

四、活动过程

1. 实践体验

（1）活动：教师让孩子们选一样最喜欢的零食放在自己面前，告诉他们老师有事要暂时离开教室，在此期间零食可以马上吃掉，也可以等老师回来再吃，但如果能等老师回来再吃的话，他们可以额外再得到一份零食作为奖励。老师5分钟后回到教室。

（2）讨论：刚才在面对美味的零食时，能看却不能吃，你是怎样想的？

对那些等到老师回来再吃零食的儿童予以表扬，并奖励另外一份零食。

2. 分享交流

请儿童介绍自己平时忍住诱惑或没有忍住诱惑的不同结果。

教师小结：现在我们知道，遇到想做又不能马上做的事情必须想办法忍一忍，鼓励自己坚持下去，只有这样才能把该做的事情做好，从而获得成功。

3.活动延伸

通过和其他小朋友一起玩、请家长配合在家布置任务，通过设置个别适宜的诱惑内容并诱惑儿童等一系列实践活动来进一步提高儿童的抗诱惑能力，巩固教育效果。

六、儿童合作能力培养的活动设计案例

合作能力是一种品德培养，也是一个人最重要的素质之一，对幼儿的终身发展相当重要。为此，《幼儿园教育指导纲要（试行）》中明确强调了要培养幼儿的合作能力。因此，幼儿教师要科学设计活动，培养幼儿的合作能力，促进幼儿心理健康成长，为幼儿今后的成功打下良好的心理素质基础。

活动1：集体作画

引导、组织儿童进行小组作画，在活动中儿童必须学习相互协商，相互配合，分工合作，只有这样他们才能在构图上、色彩上、内容上协调一致，共同创作出一幅幅美丽的图画。

活动2：合作演戏

可以提供一个儿童感兴趣的故事剧本，然后组织全班儿童进行分角色扮演。老师可以在一旁给予适当指导，帮助每位儿童把自己的角色演好。这样的集体活动使儿童既玩得开心，又使他们之间通过相互配合、友好合作、共同协商等，树立基本的合作意识。

案例：夺宝奇兵

一、活动目标

1．认识到通过团队协调活动，可以又快又好地完成任务。

2．体验合作交往成功带来的快乐情感。

3．初步尝试、学习分工、合作等人际交往的方法。

二、适合对象

4～6岁（中班第二学期或大班）儿童。

三、活动准备

1．儿童有分组合作游戏的经验。

2．每组四个信封，内装信息条；宝贝四份，藏在两处；四份制作队旗的材料；藏宝处的环境布置。

四、活动过程

1．引发兴趣、分组、交代任务

(1)老师："今天，老师邀请你们玩一个游戏，叫'夺宝奇兵'。我们分成四组，每组有一个老师帮助你们。"（介绍随队老师）

(2)介绍活动程序、线路图。

2．取队名、制作队旗

老师："请小朋友们为自己的小队取好名字，写在纸上做成队旗。五个小朋友一起行动，人走到哪里，旗帜就带到哪里。"

3．进行分组"历险"

第一关：猜谜。每组从随组老师手中拿出一个信封。"会走没有腿，会说没有嘴。它会告诉我们什么时候起，什么时候睡。"（谜底：时钟）

在谜底处找到第二个信封。

第二关：找到带标记的门。从班级所在位置（三楼）逐层找带有标记的门。在里面寻找第三个信封。

第三关：看图做事。每人拍球100下或跳绳50下。做完事情后，跟随带队老师取第四个信封。

第四关：拼图。拼图上显示的地方就是藏宝藏的地方。

第五关：寻找宝藏。按图索骥，寻找宝贝，分食宝贝（糖果），分享成功的快乐。

4．交流活动经验及体会

谈谈自己在活动中难忘的细节、自己的感受及解决问题的方法。

七、儿童人际交往能力培养的活动设计案例

心理学家们普遍认为：人际关系代表着人的心理适应水平，是心理健康的一个重要标志。人是要生活在群体当中的，每个人都需要从别人那里获得信息，学习别人的经验和智慧，与别人合作和交往。幼儿教师要明白幼儿要有能力在人群中生活，必须学会一些基本社会技能。例如，怎样让大家认可、获得友谊，怎样善于理解、宽容别人。这些将是幼儿迈向成功的关键一步，关系到他一生的发展。这是幼儿教师很重要的一课。

活动1：我是礼仪小卫士

让儿童轮流做礼仪小卫士：每周一戴着光荣的绶带站在门口，和老师一起迎接到园的小朋友和家长。在这个过程中，礼仪小卫士学会了用礼貌用语主动地和别人打招呼，活动不仅能锻炼儿童的语言能力和交往能力，同时也能丰富儿童的礼仪知识。该活动可以在本班开展，也可以面向全园，适合中、大班儿童。

活动2：混龄班活动

通过开展多种形式、多项内容的混龄游戏活动，为儿童提供更多与异龄儿童交往的机会。例如，"迎新生混龄活动"：大班儿童帮助小班儿童适应幼儿园班级的生活，帮助弟弟、妹妹穿脱衣服，带领他们参观"我们"的幼儿园、参观"我们"的新班级等。"混龄运动会"：不同年龄的儿童组合开展竞赛活动。低龄儿童在哥哥、姐姐的帮助下，共同参与老师精心设计的竞赛活动，如运西瓜、两人马车跑、滚大筒、挑扁担……还可以是一些平日常规的"混龄娃娃家""混龄户外体育活动"等。

活动3：穿越树林

老师通过设置各种障碍物代表树林，儿童两两合作，其中一个扮演盲人，"盲人"在朋友的帮助下顺利穿越"树林"。一次游戏过后，儿童可以调换角色，重复游戏。老师及时提醒儿童慢慢走，照顾好朋友，不要碰到小树。通过游戏，帮助儿童增加对同伴的关爱和信任，也让儿童体验信任与被信任的快乐。

案例：好朋友，拉拉手

一、活动目标

1. 通过活动初步懂得有朋友是幸福的。

2. 能用简单的话语介绍朋友的特点，了解每个人都是独特的，都有自己的优点和缺点。

二、适合对象

3~4岁（小班）儿童。

三、活动准备

音乐《找朋友》。

四、活动过程

1．音乐导入游戏

老师带领儿童复习音乐游戏《找朋友》。

2．谈话

老师：你为什么找他做你的好朋友？你和他玩过什么游戏？找到好朋友的心情是怎么样的？你还有其他的好朋友吗？

3．介绍自己的好朋友

老师：我们每个人都有自己的好朋友，他可能是你的同伴，也可能是邻居家的哥哥、姐姐或弟弟、妹妹，也可能是我们的爸爸、妈妈，还可能是我们的宠物。现在请你介绍一下你的好朋友，他是什么样子的？

4．游戏活动

做游戏"我和朋友在一起"。老师播放音乐《找朋友》，音乐停后，儿童和自己的好朋友做各种动作：拉手、拥抱、搭肩等，并对好朋友说"我们都是好朋友，相亲相爱在一起"；老师做拍照状。

5．小结

老师：我们都有自己的好朋友，我们相互团结，相互帮助，一起唱歌、跳舞、做游戏，不吵闹，不打架，相亲相爱在一起。

八、儿童分享意识培养的活动设计案例

分享是幼儿个体亲近群体，克服自我为中心的一种较高层次的行为。具有分享意识的幼儿可以很好地与同伴交流、进行社会性活动，是幼儿个体融入社会、被同伴和集体接纳的必要条件，是幼儿身体健

康成长的重要保障，能为幼儿将来的人生发展奠定良好的基础。

活动1：角色扮演《金色的房子》

请幼儿（尤其是不愿意跟别人分享物品的幼儿）扮演故事《金色的房子》中的小姑娘，让其在角色中体会到孤独与寂寞。通过表演，使其明白分享是一件很快乐的事情。

活动2：分享日

老师根据实际情况在一周中设立一个专门的分享日。比如，"玩具分享日"是让儿童在这一天将自己喜爱的玩具、书籍等带来与别人分享。再如，"经验分享日"是让儿童在这一天将自己的成功经验和近期完成的作品向他人展示。儿童在展示和讲述过程中，既能产生一种成就感，又会产生一种因分享带来的快乐和满足感，还能锻炼他们的口语表达能力。老师还可以设置"我最爱的故事人物分享日""漂亮宝贝分享日"等。

案例：玩具分享

一、活动目标

1. 学习并探索与同伴分享玩具的方法。

2. 体验同伴分享的乐趣，增进社会交往能力。

二、适合对象

3~4岁（小班）儿童。

三、活动准备

1. 视频《金色的房子》。

2. 让儿童在活动当天自带一件玩具。

四、活动过程

1．观看视频《金色的房子》

2．讨论交流

请儿童（尤其是不愿意跟别人分享物品的儿童）谈谈，故事中的小姑娘为什么会感到孤独？如果她想拥有朋友，应该怎么做？

3．实践体验

儿童把自己带来的玩具拿出来，分别介绍自己玩具的玩法。老师引导儿童按照刚才学习的办法，大家一起玩玩具。

4．分享总结

在分享玩具的过程中，你有什么感受？以后你会怎么做？

知识拓展

心理健康教育活动模式的特点

心理健康教育的活动模式是在一般课堂教育活动模式的基础上构建的，但心理健康教育活动有其自身的独特性，和其他活动模式不完全一致，它既遵循一般课堂教学活动的规律，又有自己的特点。下面归纳出心理健康教育活动模式的五大特点：

（1）心理健康教育活动以培养或训练心理品质为主要活动目标。与一般的学科教学模式不同。

（2）坚持幼儿主体性原则，强调充分发挥幼儿的主动性。在活动过程中，一般要求以幼儿的需要和特点为出发点，活动内容尽量围绕幼儿存在的实际问题来进行，以此来激发幼儿的参与兴趣和主动性。活动中教师要尊重幼儿的主体地位，鼓励幼儿"唱主角"。强调幼儿的主体性，并不是反对教师的主导作用，教师的主导作用主要体现在活动设计以及活动过程的组织上。教师在设计活动时，要尽量安排符合幼儿实际需要的内容，设计好问题情境，留给幼儿发挥想象力和创造性的空间；在活动过程中，教师要鼓励幼儿发表意见，表达真情实感，努力探索解决问题的方法。教师要善于提出有启发性的问题，多用鼓励性、对话的方式，尽量避免使用命令式、灌输式的口吻。

（3）强调情境性、体验性。心理健康教育活动强调幼儿要通过自身去感知、理解、感悟、验证活动的内容。教师应根据不同的活动内容，设计出不同的体验情境，让幼儿在不同的情境中内化知识、升华情感、积累经验、提高能力。

（4）重视幼儿的实践操作性，心理健康教育活动一般都重视幼儿的实践操作，主张"做"中学。因而教师在设计心理健康教育活动时，不再是单纯的理论讲授，而是为幼儿提供各种实践的机会。心理品质的形成不仅需要认识上的提高，而且需要情感态度上的改变，更需要相应行为方式的形成。因此单纯从知识入手的活动往往使幼儿的知与情、意与行分离，难以培养幼儿知、情、意、行有机结合的良好心理品质。在活动过程中，只有让幼儿通过参与丰富多彩的活动，获得充分的心理体验，才能有效地促进幼儿知、情、意、行的统一，培养幼儿良好的心理品质。

（5）强调交流、互动与分享。心理健康教育活动一般都强调幼儿与教师、幼儿与幼儿之间的交流与互动。传统活动模式一般是以教师活动为主，师生之间的交流互动较少，幼儿处于被动地接受知识的地位。心理健康教育活动则要求充分发挥幼儿的主动性，不仅强调幼儿与教师之间的互动，也注重幼儿与幼儿之间的交流。